기본 연산
Check-Book

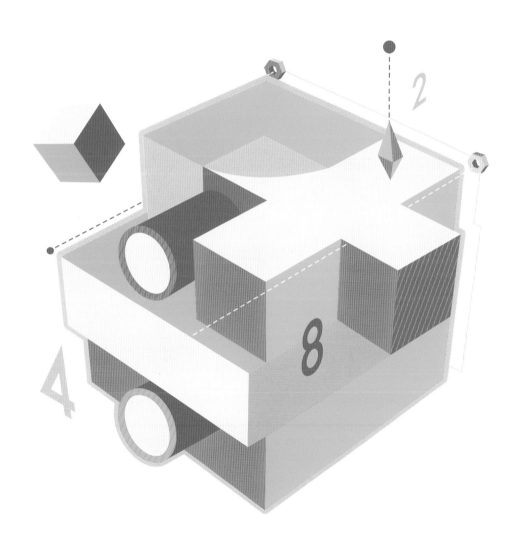

초등3

두 자리 수의 곱셈과 나눗셈

❶
```
    2 1
  ×   2
  ─────
  [4][2]
```

❷
```
    3 3
  ×   3
  ─────
  [ ][ ]
```

❸
```
    4 2
  ×   2
  ─────
  [ ][ ]
```

❹
```
  [ ]
    1 3
  ×   6
  ─────
  [ ][ ]
```

❺
```
  [ ]
    2 7
  ×   3
  ─────
  [ ][ ]
```

❻
```
  [ ]
    1 5
  ×   6
  ─────
  [ ][ ]
```

❼
```
    3 0
  ×   4
  ─────
  [ ][ ][ ]
```

❽
```
    6 0
  ×   7
  ─────
  [ ][ ][ ]
```

❾
```
    5 0
  ×   5
  ─────
  [ ][ ][ ]
```

❿
```
    2 1
  ×   6
  ─────
  [ ][ ][ ]
```

⓫
```
    7 3
  ×   3
  ─────
  [ ][ ][ ]
```

⓬
```
    8 4
  ×   2
  ─────
  [ ][ ][ ]
```

⓭
```
  [ ]
    1 8
  ×   7
  ─────
  [ ][ ][ ]
```

⓮
```
  [ ]
    2 7
  ×   4
  ─────
  [ ][ ][ ]
```

⓯
```
  [ ]
    3 8
  ×   3
  ─────
  [ ][ ][ ]
```

월   일

⑯
```
    1 3 0
×       2
  ☐ ☐ ☐
```

⑰
```
    2 2 0
×       4
  ☐ ☐ ☐
```

⑱
```
    3 1 0
×       3
  ☐ ☐ ☐
```

⑲
```
    1 2 3
×       3
  ☐ ☐ ☐
```

⑳
```
    4 2 1
×       2
  ☐ ☐ ☐
```

㉑
```
    3 3 1
×       3
  ☐ ☐ ☐
```

㉒
```
      ☐
    1 1 7
×       4
  ☐ ☐ ☐
```

㉓
```
      ☐
    2 1 6
×       2
  ☐ ☐ ☐
```

㉔
```
      ☐
    3 2 8
×       3
  ☐ ☐ ☐
```

㉕
```
      ☐
    1 7 2
×       4
  ☐ ☐ ☐
```

㉖
```
      ☐
    1 9 3
×       3
  ☐ ☐ ☐
```

㉗
```
      ☐
    3 6 4
×       2
  ☐ ☐ ☐
```

㉘
```
    ☐ ☐
    2 4 5
×       3
  ☐ ☐ ☐
```

㉙
```
    ☐ ☐
    1 8 7
×       5
  ☐ ☐ ☐
```

㉚
```
    ☐ ☐
    1 4 3
×       7
  ☐ ☐ ☐
```

자르는 선

두·세 자리 곱셈 (2)

❶
```
      3
×   2 4
─────────
  [1][2]
  [6]
─────────
  [7][2]
```

❷
```
      7
×   1 4
─────────
  [ ][ ]
  [ ]
─────────
  [ ][ ]
```

❸
```
      4
×   2 3
─────────
  [ ][ ]
  [ ]
─────────
  [ ][ ]
```

❹
```
      2
×   7 2
─────────
       [ ]
  [ ][ ]
─────────
  [ ][ ][ ]
```

❺
```
      3
×   6 3
─────────
       [ ]
  [ ][ ]
─────────
  [ ][ ][ ]
```

❻
```
      4
×   3 2
─────────
       [ ]
  [ ][ ]
─────────
  [ ][ ][ ]
```

❼
```
    1 3
×   1 6
─────────
  [ ][ ]
  [ ][ ]
─────────
  [ ][ ][ ]
```

❽
```
    1 7
×   1 5
─────────
  [ ][ ]
  [ ][ ]
─────────
  [ ][ ][ ]
```

❾
```
    2 3
×   2 4
─────────
  [ ][ ]
  [ ][ ]
─────────
  [ ][ ][ ]
```

⑩
```
    2 7
×   2 4
```

⑪
```
    5 8
×   1 3
```

⑫
```
    2 6
×   3 8
```

⑬
```
    3 5
×   4 2
```

⑭
```
    8 4
×   3 1
```

⑮
```
    3 2
×   7 3
```

⑯
```
    4 3
×   3 8
```

⑰
```
    2 6
×   6 6
```

⑱
```
    7 5
×   3 3
```

자르는 선

두 자리 곱셈 (1)

❶
$$\begin{array}{r} 1\,2 \\ \times\quad 4 \\ \hline \end{array}$$

❷
$$\begin{array}{r} 2\,2 \\ \times\quad 3 \\ \hline \end{array}$$

❸
$$\begin{array}{r} 4\,1 \\ \times\quad 2 \\ \hline \end{array}$$

❹
$$\begin{array}{r} 1\,3 \\ \times\quad 3 \\ \hline \end{array}$$

❺
$$\begin{array}{r} 1\,5 \\ \times\quad 4 \\ \hline \end{array}$$

❻
$$\begin{array}{r} 2\,6 \\ \times\quad 3 \\ \hline \end{array}$$

❼
$$\begin{array}{r} 1\,3 \\ \times\quad 7 \\ \hline \end{array}$$

❽
$$\begin{array}{r} 2\,9 \\ \times\quad 2 \\ \hline \end{array}$$

❾
$$\begin{array}{r} 5\,0 \\ \times\quad 7 \\ \hline \end{array}$$

❿
$$\begin{array}{r} 9\,0 \\ \times\quad 8 \\ \hline \end{array}$$

⓫
$$\begin{array}{r} 7\,0 \\ \times\quad 7 \\ \hline \end{array}$$

⓬
$$\begin{array}{r} 4\,0 \\ \times\quad 9 \\ \hline \end{array}$$

⓭
$$\begin{array}{r} 3\,1 \\ \times\quad 5 \\ \hline \end{array}$$

⓮
$$\begin{array}{r} 7\,2 \\ \times\quad 4 \\ \hline \end{array}$$

⓯
$$\begin{array}{r} 8\,3 \\ \times\quad 3 \\ \hline \end{array}$$

⓰
$$\begin{array}{r} 5\,1 \\ \times\quad 6 \\ \hline \end{array}$$

⓱
$$\begin{array}{r} 1\,4 \\ \times\quad 7 \\ \hline \end{array}$$

⓲
$$\begin{array}{r} 1\,6 \\ \times\quad 8 \\ \hline \end{array}$$

⓳
$$\begin{array}{r} 1\,8 \\ \times\quad 9 \\ \hline \end{array}$$

⓴
$$\begin{array}{r} 1\,9 \\ \times\quad 6 \\ \hline \end{array}$$

㉑
$$\begin{array}{r} 6\,8 \\ \times\quad 3 \\ \hline \end{array}$$

㉒
$$\begin{array}{r} 9\,3 \\ \times\quad 4 \\ \hline \end{array}$$

㉓
$$\begin{array}{r} 7\,5 \\ \times\quad 5 \\ \hline \end{array}$$

㉔
$$\begin{array}{r} 9\,8 \\ \times\quad 2 \\ \hline \end{array}$$

㉕
$$\begin{array}{r} 3\ 2\ 0 \\ \times\ \ \ \ 2 \\ \hline \end{array}$$

㉖
$$\begin{array}{r} 2\ 1\ 0 \\ \times\ \ \ \ 4 \\ \hline \end{array}$$

㉗
$$\begin{array}{r} 1\ 3\ 0 \\ \times\ \ \ \ 3 \\ \hline \end{array}$$

㉘
$$\begin{array}{r} 2\ 1\ 4 \\ \times\ \ \ \ 2 \\ \hline \end{array}$$

㉙
$$\begin{array}{r} 3\ 1\ 3 \\ \times\ \ \ \ 3 \\ \hline \end{array}$$

㉚
$$\begin{array}{r} 2\ 2\ 1 \\ \times\ \ \ \ 4 \\ \hline \end{array}$$

㉛
$$\begin{array}{r} 1\ 1\ 6 \\ \times\ \ \ \ 3 \\ \hline \end{array}$$

㉜
$$\begin{array}{r} 2\ 3\ 7 \\ \times\ \ \ \ 2 \\ \hline \end{array}$$

㉝
$$\begin{array}{r} 3\ 1\ 7 \\ \times\ \ \ \ 3 \\ \hline \end{array}$$

㉞
$$\begin{array}{r} 1\ 9\ 2 \\ \times\ \ \ \ 3 \\ \hline \end{array}$$

㉟
$$\begin{array}{r} 4\ 8\ 3 \\ \times\ \ \ \ 2 \\ \hline \end{array}$$

㊱
$$\begin{array}{r} 1\ 6\ 2 \\ \times\ \ \ \ 4 \\ \hline \end{array}$$

㊲
$$\begin{array}{r} 1\ 8\ 6 \\ \times\ \ \ \ 4 \\ \hline \end{array}$$

㊳
$$\begin{array}{r} 1\ 5\ 5 \\ \times\ \ \ \ 5 \\ \hline \end{array}$$

㊴
$$\begin{array}{r} 2\ 9\ 8 \\ \times\ \ \ \ 3 \\ \hline \end{array}$$

㊵
$$\begin{array}{r} 4\ 7\ 6 \\ \times\ \ \ \ 5 \\ \hline \end{array}$$

㊶
$$\begin{array}{r} 5\ 3\ 5 \\ \times\ \ \ \ 4 \\ \hline \end{array}$$

㊷
$$\begin{array}{r} 7\ 4\ 7 \\ \times\ \ \ \ 3 \\ \hline \end{array}$$

❶
```
      4
×   1 7
```

❷
```
      5
×   2 3
```

❸
```
      6
×   1 6
```

❹
```
      4
×   2 4
```

❺
```
      3
×   7 3
```

❻
```
      8
×   3 1
```

❼
```
      4
×   5 2
```

❽
```
      2
×   7 4
```

❾
```
      7
×   2 2
```

❿
```
      6
×   3 8
```

⓫
```
      5
×   9 2
```

⓬
```
      3
×   8 7
```

⓭
```
    1 3
×   1 5
```

⓮
```
    1 2
×   1 2
```

⓯
```
    4 1
×   1 2
```

⓰
```
    3 3
×   2 2
```

⓱
```
    2 4
×   2 4
```

⓲
```
    3 2
×   1 3
```

⓳
```
    3 6
×   1 3
```

⓴
```
    2 1
×   2 8
```

4주 두 자리 곱셈 (2)

㉑
```
    3 5
  × 2 8
```

㉒
```
    4 7
  × 1 6
```

㉓
```
    8 1
  × 1 2
```

㉔
```
    1 8
  × 3 5
```

㉕
```
    3 3
  × 7 3
```

㉖
```
    9 9
  × 8 1
```

㉗
```
    2 7
  × 7 2
```

㉘
```
    3 7
  × 4 2
```

㉙
```
    5 2
  × 3 4
```

㉚
```
    4 7
  × 4 3
```

㉛
```
    6 3
  × 7 2
```

㉜
```
    8 4
  × 3 2
```

㉝
```
    5 5
  × 4 5
```

㉞
```
    2 9
  × 8 3
```

㉟
```
    7 6
  × 4 2
```

㊱
```
    6 3
  × 5 7
```

㊲
```
    3 6
  × 5 5
```

㊳
```
    8 6
  × 4 1
```

㊴
```
    9 1
  × 8 2
```

㊵
```
    4 9
  × 2 9
```

자르는 선

5주 나머지가 없는 나눗셈

❶
$2) \overline{2\ 4}$
4
0

❷
$3) \overline{3\ 3}$
3
0

❸
$4) \overline{4\ 8}$
8
0

❹
$5) \overline{6\ 5}$
5
0

❺
$7) \overline{8\ 4}$
4
0

❻
$6) \overline{7\ 2}$
2
0

❼
$8) \overline{9\ 6}$
6
0

❽
$7) \overline{9\ 1}$
1
0

❾
$5) \overline{8\ 5}$
5
0

⑩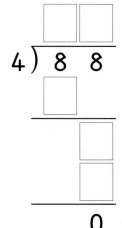

4) 8 8

0

⑪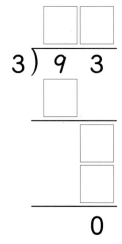

3) 9 3

0

⑫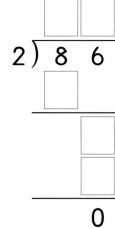

2) 8 6

0

⑬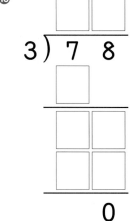

3) 7 8

0

⑭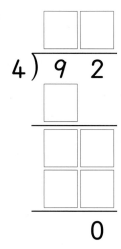

4) 9 2

0

⑮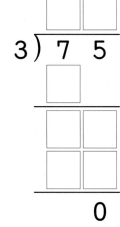

3) 7 5

0

⑯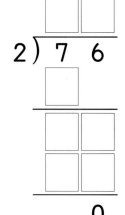

2) 7 6

0

⑰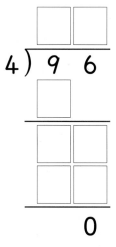

4) 9 6

0

⑱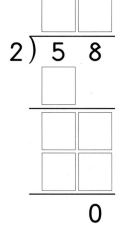

2) 5 8

0

자르는 선

❶
$$7 \overline{)\, 6 \; 5}$$

❷
$$8 \overline{)\, 5 \; 5}$$

❸
$$6 \overline{)\, 3 \; 8}$$

❹
$$2 \overline{)\, 6 \; 5}$$
5

❺
$$3 \overline{)\, 6 \; 8}$$
8

❻
$$7 \overline{)\, 7 \; 4}$$
4

❼
$$3 \overline{)\, 8 \; 5}$$
5

❽
$$2 \overline{)\, 7 \; 1}$$
1

❾
$$4 \overline{)\, 9 \; 5}$$
5

⑩
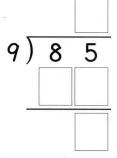

$9 \overline{)\ 8\ 5}$

⑪
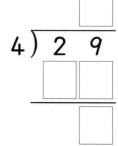

$4 \overline{)\ 2\ 9}$

⑫
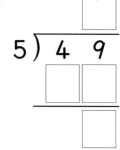

$5 \overline{)\ 4\ 9}$

⑬

$3 \overline{)\ 9\ 7}$

⑭

$4 \overline{)\ 8\ 9}$

⑮
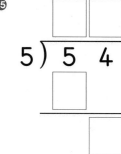

$5 \overline{)\ 5\ 4}$

⑯
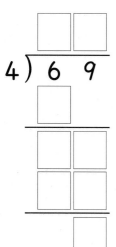

$4 \overline{)\ 6\ 9}$

⑰
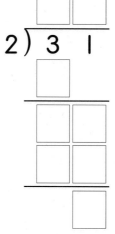

$2 \overline{)\ 3\ 1}$

⑱
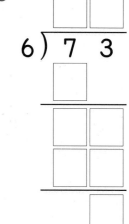

$6 \overline{)\ 7\ 3}$

자르는 선

문해결 나눗셈 (1)

① $36 \div 7 = \boxed{} \cdots \boxed{}$

② $77 \div 8 = \boxed{} \cdots \boxed{}$

③ $72 \div 7 = \boxed{} \cdots \boxed{}$

④ $57 \div 9 = \boxed{} \cdots \boxed{}$

⑤ $65 \div 6 = \boxed{} \cdots \boxed{}$

⑥ $54 \div 4 = \boxed{} \cdots \boxed{}$

⑦ $82 \div 9 = \boxed{} \cdots \boxed{}$

⑧ $23 \div 8 = \boxed{} \cdots \boxed{}$

⑨ $66 \div 4 = \boxed{} \cdots \boxed{}$

⑩ $43 \div 5 = \boxed{} \cdots \boxed{}$

⑪ $54 \div 7 = \boxed{} \cdots \boxed{}$

⑫ $23 \div 6 = \boxed{} \cdots \boxed{}$

⑬ $4 \overline{)\,5\ 0\,}$ 몫 $\boxed{} \cdots \boxed{}$

⑭ $3 \overline{)\,3\ 4\,}$ 몫 $\boxed{} \cdots \boxed{}$

⑮ $7 \overline{)\,8\ 8\,}$ 몫 $\boxed{} \cdots \boxed{}$

⑯ $5 \overline{)\,6\ 1\,}$ 몫 $\boxed{} \cdots \boxed{}$

⑰ $22 \div 3 =$ ☐ ⋯ ☐

⑱ $71 \div 6 =$ ☐ ⋯ ☐

⑲ $58 \div 7 =$ ☐ ⋯ ☐

⑳ $57 \div 5 =$ ☐ ⋯ ☐

㉑ $71 \div 2 =$ ☐ ⋯ ☐

㉒ $55 \div 4 =$ ☐ ⋯ ☐

㉓ $66 \div 5 =$ ☐ ⋯ ☐

㉔ $91 \div 2 =$ ☐ ⋯ ☐

㉕ $86 \div 7 =$ ☐ ⋯ ☐

㉖ $95 \div 9 =$ ☐ ⋯ ☐

㉗ $52 \div 6 =$ ☐ ⋯ ☐

㉘ $46 \div 4 =$ ☐ ⋯ ☐

㉙ ☐ ⋯ ☐
$4 \overline{)\ 1\ \ 9}$

㉚ ☐ ⋯ ☐
$2 \overline{)\ 4\ \ 7}$

㉛ ☐ ⋯ ☐
$6 \overline{)\ 8\ \ 0}$

㉜ ☐ ⋯ ☐
$6 \overline{)\ 3\ \ 9}$

❶ $23 \div 4 = 5 \cdots 3$

$$23 = 20 + 3$$

❷ $72 \div 5 = 14 \cdots 2$

$$\boxed{} = \boxed{} + \boxed{}$$

❸ $37 \div 3 = 12 \cdots 1$

$$\boxed{} = \boxed{} + \boxed{}$$

❹ $45 \div 4 = 11 \cdots 1$

$$\boxed{} = \boxed{} + \boxed{}$$

❺ $15 \div 2 = 7 \cdots 1$

$$\boxed{} = \boxed{} + \boxed{}$$

❻ $37 \div 6 = 6 \cdots 1$

$$\boxed{} = \boxed{} + \boxed{}$$

❼ $58 \div 3 = 19 \cdots 1$

$$\boxed{} = \boxed{} + \boxed{}$$

❽ $89 \div 7 = 12 \cdots 5$

$$\boxed{} = \boxed{} + \boxed{}$$

❾ $69 \div 5 = 13 \cdots 4$

$$\boxed{} = \boxed{} + \boxed{}$$

❿ $87 \div 8 - 10 \cdots 7$

$$\boxed{} = \boxed{} + \boxed{}$$

⓫ $93 \div 5 = 18 \cdots 3$

$$\boxed{} = \boxed{} + \boxed{}$$

⓬ $49 \div 2 = 24 \cdots 1$

$$\boxed{} = \boxed{} + \boxed{}$$

자르는 선

⑬ $58 \div 7 = 8 \cdots 2$

$58 = 56 + 2$

⑭ $\boxed{} \div 5 = 4 \cdots 3$

$\boxed{} = \boxed{} + \boxed{}$

⑮ $\boxed{} \div 3 = 12 \cdots 1$

$\boxed{} = \boxed{} + \boxed{}$

⑯ $\boxed{} \div 7 = 10 \cdots 5$

$\boxed{} = \boxed{} + \boxed{}$

⑰ $\boxed{} \div 6 = 11 \cdots 5$

$\boxed{} = \boxed{} + \boxed{}$

⑱ $\boxed{} \div 9 = 5 \cdots 8$

$\boxed{} = \boxed{} + \boxed{}$

⑲ $\boxed{} \div 4 = 12 \cdots 1$

$\boxed{} = \boxed{} + \boxed{}$

⑳ $\boxed{} \div 5 = 15 \cdots 2$

$\boxed{} = \boxed{} + \boxed{}$

㉑ $\boxed{} \div 8 = 11 \cdots 3$

$\boxed{} = \boxed{} + \boxed{}$

㉒ $\boxed{} \div 2 = 35 \cdots 1$

$\boxed{} = \boxed{} + \boxed{}$

㉓ $\boxed{} \div 3 = 23 \cdots 2$

$\boxed{} = \boxed{} + \boxed{}$

㉔ $\boxed{} \div 4 = 20 \cdots 3$

$\boxed{} = \boxed{} + \boxed{}$

자르는 선

정 답

1주 두·세 자리 곱셈 (1)

❶ 42 ❷ 99 ❸ 84 ❹ 1,78 ❺ 2,81 ❻ 3,90 ❼ 120 ❽ 420 ❾ 250 ❿ 126 ⓫ 219 ⓬ 168
⓭ 5,126 ⓮ 2,108 ⓯ 2,114 ⓰ 260 ⓱ 880 ⓲ 930 ⓳ 369 ⓴ 842 ㉑ 993
㉒ 2,468 ㉓ 1,432 ㉔ 2,984 ㉕ 2,688 ㉖ 2,579 ㉗ 1,728
㉘ 1,1,735 ㉙ 4,3,935 ㉚ 3,2,1001

2주 두·세 자리 곱셈 (2)
3~4쪽

❶ 12,6,72 ❷ 28,7,98 ❸ 12,8,92 ❹ 4,14,144 ❺ 9,18,189 ❻ 8,12,128
❼ 78,13,208 ❽ 85,17,255 ❾ 92,46,552 ❿ 108,54,648 ⓫ 174,58,754
⓬ 208,78,988 ⓭ 70,140,1470 ⓮ 84,252,2604 ⓯ 96,224,2336
⓰ 344,129,1634 ⓱ 156,156,1716 ⓲ 225,225,2475

3주 두 자리 곱셈 (1)
5~6쪽

❶ 48 ❷ 66 ❸ 82 ❹ 39 ❺ 60 ❻ 78 ❼ 91 ❽ 58 ❾ 350 ❿ 720 ⓫ 490 ⓬ 360
⓭ 155 ⓮ 288 ⓯ 249 ⓰ 306 ⓱ 98 ⓲ 128 ⓳ 162 ⓴ 114 ㉑ 204 ㉒ 372 ㉓ 375 ㉔ 196
㉕ 640 ㉖ 840 ㉗ 390 ㉘ 428 ㉙ 939 ㉚ 884 ㉛ 348 ㉜ 474 ㉝ 951 ㉞ 576 ㉟ 966 ㊱ 648
㊲ 744 ㊳ 775 ㊴ 894 ㊵ 2380 ㊶ 2140 ㊷ 2241

4주 두 자리 곱셈 (2)
7~8쪽

❶ 68 ❷ 115 ❸ 96 ❹ 96 ❺ 219 ❻ 248 ❼ 208 ❽ 148 ❾ 154 ❿ 228 ⓫ 460 ⓬ 261
⓭ 195 ⓮ 144 ⓯ 492 ⓰ 726 ⓱ 576 ⓲ 416 ⓳ 468 ⓴ 588 ㉑ 980 ㉒ 752 ㉓ 972 ㉔ 630
㉕ 2409 ㉖ 8019 ㉗ 1944 ㉘ 1554 ㉙ 1768 ㉚ 2021
㉛ 4536 ㉜ 2688 ㉝ 2475 ㉞ 2407 ㉟ 3192 ㊱ 3591
㊲ 1980 ㊳ 3526 ㊴ 7462 ㊵ 1421

5주 나머지가 없는 나눗셈
9~10쪽

❶ 1,2,2,4 ❷ 1,1,3,3 ❸ 1,2,4,8 ❹ 1,3,5,1,1,5
❺ 1,2,7,1,1,4 ❻ 1,2,6,1,1,2 ❼ 1,2,8,1,1,6 ❽ 1,3,7,2,2,1
❾ 1,7,5,3,3,5 ❿ 2,2,8,8,8 ⓫ 3,1,9,3,3 ⓬ 4,3,8,6,6
⓭ 2,6,6,1,8,1,8 ⓮ 2,3,8,1,2,1,2 ⓯ 2,5,6,1,5,1,5 ⓰ 3,8,6,1,6,1,6
⓱ 2,4,8,1,6,1,6 ⓲ 2,9,4,1,8,1,8

6주 나머지가 있는 나눗셈
11~12쪽

❶ 9,6,3,2 ❷ 6,4,8,7 ❸ 6,3,6,2 ❹ 3,2,6,4,1 ❺ 2,2,6,6,2 ❻ 1,0,7
❼ 2,8,6,2,2,4,1 ❽ 3,5,6,1,1,0,1 ❾ 2,3,8,1,1,2,3 ❿ 9,8,1,4
⓫ 7,2,8,1 ⓬ 9,4,5,4 ⓭ 3,2,9,7,6,1 ⓮ 2,2,8,9,8,1
⓯ 1,0,5,4 ⓰ 1,7,4,2,9,2,8,1 ⓱ 1,5,2,1,1,1,0,1 ⓲ 1,2,6,1,3,1,2,1

7주 문해결 나눗셈 (1)
13~14쪽

❶ 5,1 ❷ 9,5 ❸ 10,2 ❹ 6,3 ❺ 10,5 ❻ 13,2 ❼ 9,1 ❽ 2,7 ❾ 16,2 ❿ 8,3
⓫ 7,5 ⓬ 3,5 ⓭ 12,2 ⓮ 11,1 ⓯ 12,4 ⓰ 12,1 ⓱ 7,1 ⓲ 11,5 ⓳ 8,2 ⓴ 11,2
㉑ 35,1 ㉒ 13,3 ㉓ 13,1 ㉔ 45,1 ㉕ 12,2 ㉖ 10,5 ㉗ 8,4 ㉘ 11,2 ㉙ 4,3 ㉚ 23,1
㉛ 13,2 ㉜ 6,3

8주 문해결 나눗셈 (2)
15~16쪽

❶ 23,20,3 ❷ 72,70,2 ❸ 37,36,1 ❹ 45,44,1 ❺ 15,14,1 ❻ 37,36,1
❼ 58,57,1 ❽ 89,84,5 ❾ 69,65,4 ❿ 87,80,7 ⓫ 93,90,3 ⓬ 49,48,1
⓭ 58,58,56,2 ⓮ 23,23,20,3 ⓯ 37,37,36,1 ⓰ 75,75,70,5 ⓱ 71,71,66,5 ⓲ 53,53,45,8
⓳ 49,49,48,1 ⓴ 77,77,75,2 ㉑ 91,91,88,3 ㉒ 71,71,70,1 ㉓ 71,71,69,2 ㉔ 83,83,80,3

사고셈

초등3 3호

이 책의 **구성과 특징**

생각의 힘을 키우는 사고(思考)셈은 1주 4개, 8주 32개의 사고력 유형 학습을 통해 수와 연산에 대한 개념의 응용력(추론 및 문제해결능력)을 키울 수 있도록 하였습니다.

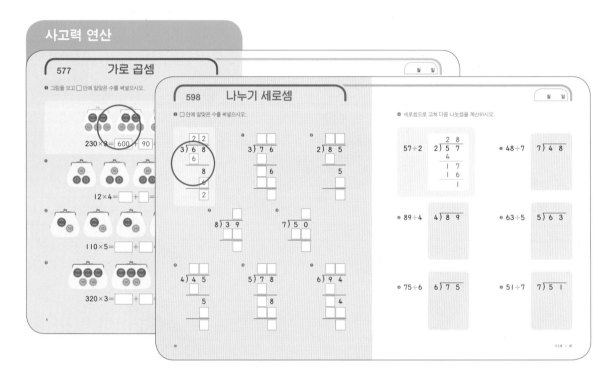

◆ 대표 사고력 유형으로 연산 원리를 쉽게쉽게
◆ 1~4일차: 다양한 유형의 주 진도 학습

◆ 5일차 점검 학습: 주 진도 학습 확인

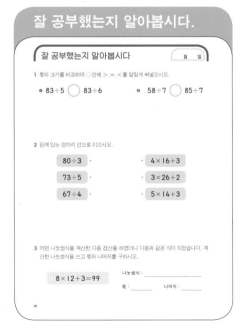

권두부록 (기본연산 Check-Book)

기본연산 Check-Book

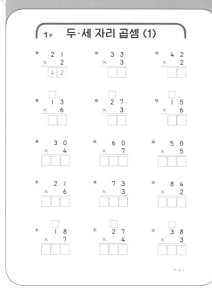
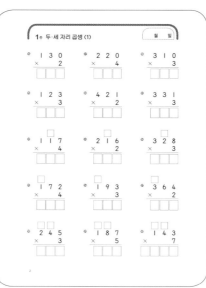

본 학습 전 기본연산 실력 진단

권말부록 (G-Book)

Guide Book(정답 및 해설)

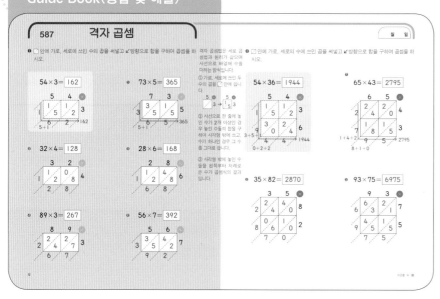

문제와 답을 한 눈에!

상세한 풀이와 친절한 해설, 답

학습 효과 및 활용법

학습 효과

수학적 사고력 향상

생각의 다양성 향상

스스로 생각을 만드는 직관 학습

추론능력, 문제해결력 향상

연산의 원리 이해

수·연산 영역 완벽 대비

다양한 유형으로 수 조작력 향상

진도 학습 및 점검 학습으로
연산 학습 완성

사고셈

주차별 활용법

1단계
기본연산
Check-Book으로
준비 학습

2단계
사고력 유형으로
진도 학습

3단계
마무리 문제로
점검 학습

1단계 : 기본연산 Check-Book으로 사고력 연산을 위한 준비 학습을 합니다.
2단계 : 사고력 유형으로 사고력 연산의 진도 학습을 합니다.
3단계 : 한 주마다 점검 학습(잘 공부했는지 알아봅시다)으로 사고력 향상을 확인합니다.

학습 구성

6세

1호	10까지의 수
2호	더하기 빼기 1과 2
3호	합이 9까지인 덧셈
4호	한 자리 수의 뺄셈과 세 수의 계산

7세

1호	한 자리 수의 덧셈과 뺄셈
2호	10 만들기
3호	50까지의 수
4호	더하기 빼기 1과 2, 10과 20

초등 1

1호	덧셈구구
2호	뺄셈구구와 덧셈, 뺄셈 혼합
3호	100까지의 수, 1000까지의 수
4호	받아올림, 받아내림 없는 두 자리 수의 계산

초등 2

1호	두 자리 수와 한 자리 수의 덧셈과 뺄셈
2호	두 자리 수의 덧셈과 뺄셈
3호	곱셈구구
4호	곱셈과 나눗셈 구구

초등 3

1호	세·네 자리 수의 덧셈과 뺄셈
2호	분수와 소수의 기초
3호	두 자리 수의 곱셈과 나눗셈
4호	분수

초등 4

1호	분수의 덧셈과 뺄셈
2호	혼합 계산
3호	소수의 덧셈과 뺄셈
4호	어림하기

이 책의 학습 로드맵

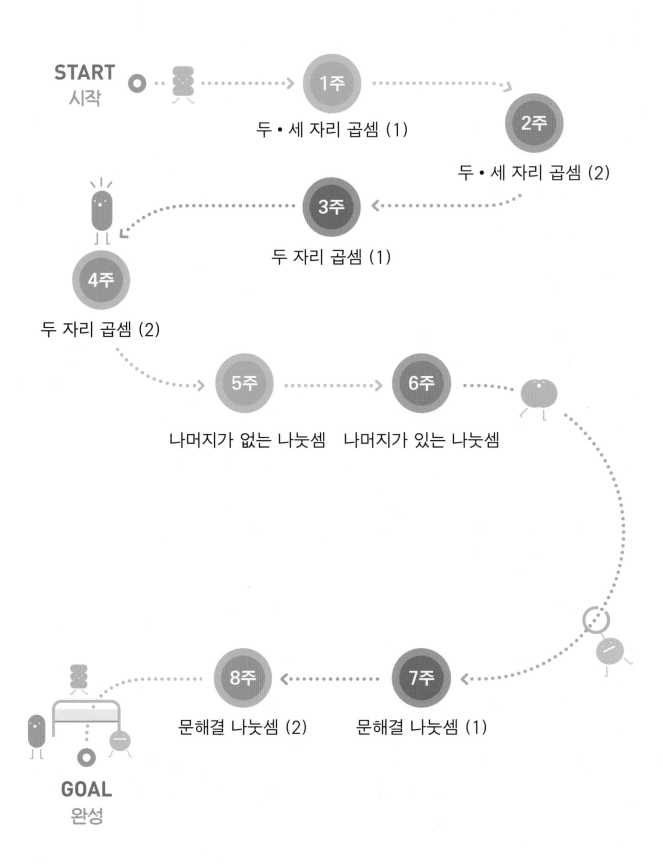

START
시작

1주
두·세 자리 곱셈 (1)

2주
두·세 자리 곱셈 (2)

3주
두 자리 곱셈 (1)

4주
두 자리 곱셈 (2)

5주
나머지가 없는 나눗셈

6주
나머지가 있는 나눗셈

7주
문해결 나눗셈 (1)

8주
문해결 나눗셈 (2)

GOAL
완성

1

두·세 자리 곱셈 (1)

가로 곱셈

● 그림을 보고 □ 안에 알맞은 수를 써넣으시오.

$$230 \times 3 = \boxed{600} + \boxed{90} = \boxed{690}$$

❶

$$12 \times 4 = \boxed{} + \boxed{} = \boxed{}$$

❷

$$110 \times 5 = \boxed{} + \boxed{} = \boxed{}$$

❸

$$320 \times 3 = \boxed{} + \boxed{} = \boxed{}$$

✛ ☐ 안에 알맞은 수를 써넣으시오.

$$21 \times 3 = \boxed{60} + \boxed{3}$$
$$= \boxed{63}$$

❶ $121 \times 3 = \boxed{} + \boxed{} + \boxed{}$
$$= \boxed{}$$

❷ $101 \times 3 = \boxed{} + \boxed{}$
$$= \boxed{}$$

❸ $231 \times 3 = \boxed{} + \boxed{} + \boxed{}$
$$= \boxed{}$$

❹ $32 \times 3 = \boxed{} + \boxed{}$
$$= \boxed{}$$

❺ $423 \times 2 = \boxed{} + \boxed{} + \boxed{}$
$$= \boxed{}$$

❻ $220 \times 4 = \boxed{} + \boxed{}$
$$= \boxed{}$$

❼ $212 \times 4 = \boxed{} + \boxed{} + \boxed{}$
$$= \boxed{}$$

❽ $11 \times 8 = \boxed{} + \boxed{}$
$$= \boxed{}$$

❾ $111 \times 9 = \boxed{} + \boxed{} + \boxed{}$
$$= \boxed{}$$

두 세로셈

● 두 가지 방법으로 세로셈을 한 것입니다. □ 안에 알맞은 수를 써넣으시오.

보기

$$
\begin{array}{r}
3\ 6 \\
\times\quad 4 \\
\hline
2\ 4 \\
1\ 2\ 0 \\
\hline
1\ 4\ 4
\end{array}
\qquad
\begin{array}{r}
[2] \\
3\ 6 \\
\times\quad 4 \\
\hline
1\ 4\ 4
\end{array}
$$

❶
$$
\begin{array}{r}
2\ 7 \\
\times\quad 6 \\
\hline
\square \\
\square \\
\hline
\square
\end{array}
\qquad
\begin{array}{r}
\square \\
2\ 7 \\
\times\quad 6 \\
\hline
\square\ \square\ \square
\end{array}
$$

❷
$$
\begin{array}{r}
6\ 1\ 8 \\
\times\quad 4 \\
\hline
\square \\
\square \\
\square \\
\hline
\square
\end{array}
\qquad
\begin{array}{r}
\square \\
6\ 1\ 8 \\
\times\quad 4 \\
\hline
\square\ \square\ \square\ \square
\end{array}
$$

❸
$$
\begin{array}{r}
2\ 4\ 1 \\
\times\quad 3 \\
\hline
\square \\
\square \\
\square \\
\hline
\square
\end{array}
\qquad
\begin{array}{r}
\square \\
2\ 4\ 1 \\
\times\quad 3 \\
\hline
\square\ \square\ \square
\end{array}
$$

✛ 보기와 같이 두 가지 방법으로 계산하시오.

$$
\begin{array}{r}
1\ 7\ 4 \\
\times \quad\ \ 5 \\
\hline
2\ 0 \\
3\ 5\ 0 \\
5\ 0\ 0 \\
\hline
8\ 7\ 0
\end{array}
\qquad
\begin{array}{r}
{\scriptstyle 3\ 2} \\
1\ 7\ 4 \\
\times \quad\ \ 5 \\
\hline
8\ 7\ 0
\end{array}
$$

❶
$$
\begin{array}{r}
1\ 6\ 4 \\
\times \quad\ \ 6 \\
\hline
\end{array}
\qquad
\begin{array}{r}
1\ 6\ 4 \\
\times \quad\ \ 6 \\
\hline
\end{array}
$$

❷
$$
\begin{array}{r}
1\ 9 \\
\times \quad 4 \\
\hline
\end{array}
\qquad
\begin{array}{r}
1\ 9 \\
\times \quad 4 \\
\hline
\end{array}
$$

❸
$$
\begin{array}{r}
8\ 3 \\
\times \quad 7 \\
\hline
\end{array}
\qquad
\begin{array}{r}
8\ 3 \\
\times \quad 7 \\
\hline
\end{array}
$$

❹
$$
\begin{array}{r}
2\ 0\ 7 \\
\times \quad\ \ 8 \\
\hline
\end{array}
\qquad
\begin{array}{r}
2\ 0\ 7 \\
\times \quad\ \ 8 \\
\hline
\end{array}
$$

❺
$$
\begin{array}{r}
9\ 3\ 0 \\
\times \quad\ \ 4 \\
\hline
\end{array}
\qquad
\begin{array}{r}
9\ 3\ 0 \\
\times \quad\ \ 4 \\
\hline
\end{array}
$$

하우스

● 곱셈을 하여 빈칸에 알맞은 수를 써넣으시오.

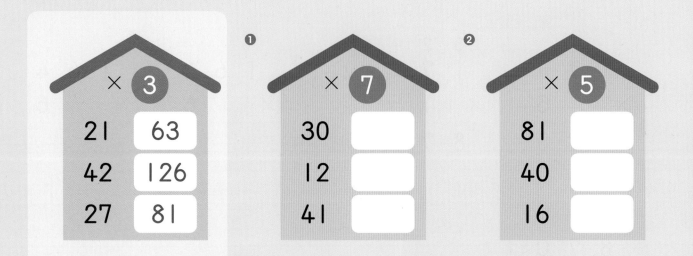

×3	
21	63
42	126
27	81

①

×7	
30	
12	
41	

②

×5	
81	
40	
16	

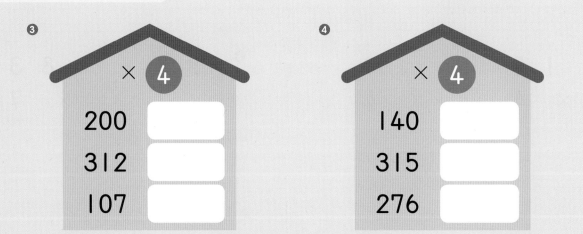

③

×4	
200	
312	
107	

④

×4	
140	
315	
276	

⑤

×6	
51	
13	
45	

⑥

×4	
15	
61	
77	

⑦

×3	
31	
72	
28	

✚ 빈칸에 알맞은 수를 써넣으시오.

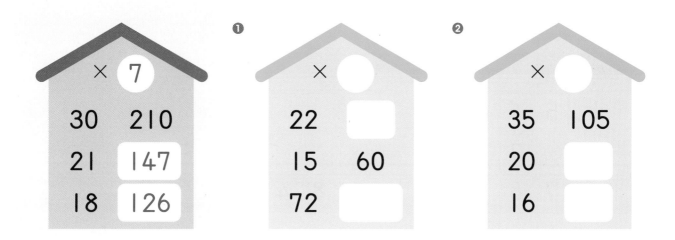

❶ × 7

30	210
21	147
18	126

❶ ×

22	
15	60
72	

❷ ×

35	105
20	
16	

❸ ×

110	
443	886
309	

❹ ×

206	
230	690
512	

❺ ×

40	320
15	
31	

❻ ×

31	
62	
22	88

❼ ×

14	
20	100
61	

580 숫자 카드 목표수

● 숫자 카드를 모두 한 번씩 사용하여 곱셈식을 완성하시오.

4 5 7

```
    5 4
  ×   7
  3 7 8
```

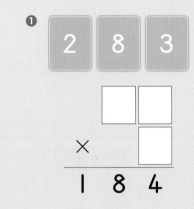

❶ 2 8 3

```
  □ □
×   □
1 8 4
```

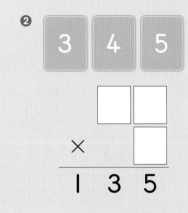

❷ 3 4 5

```
  □ □
×   □
1 3 5
```

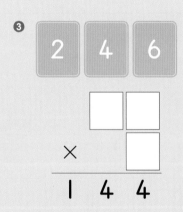

❸ 2 4 6

```
  □ □
×   □
1 4 4
```

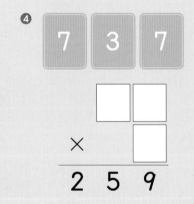

❹ 7 3 7

```
  □ □
×   □
2 5 9
```

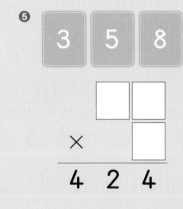

❺ 3 5 8

```
  □ □
×   □
4 2 4
```

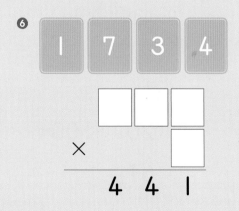

❻ 1 7 3 4

```
  □ □ □
×     □
  4 4 1
```

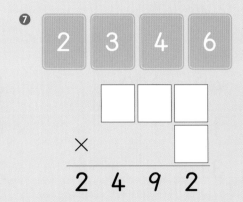

❼ 2 3 4 6

```
  □ □ □
×     □
2 4 9 2
```

➕ 곱셈식에 맞게 왼쪽 숫자 카드를 한 번씩 써넣으시오.

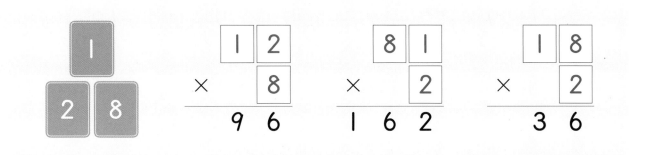

①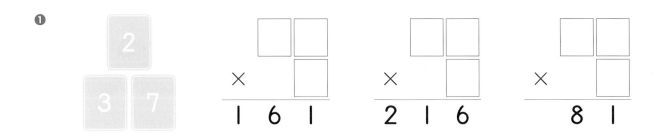

②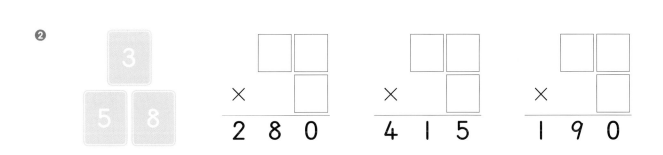

③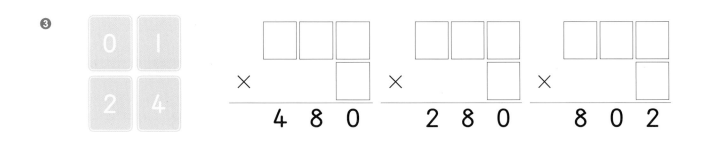

1 덧셈식을 곱셈식으로 나타내고 답을 구하시오.

$$127+127+127+127+127+127+127$$

식 : _____   답 : _____

2 계산 결과가 다른 하나를 찾아 ○표 하시오.

$$81×8 \qquad 162×4 \qquad 62×9 \qquad 216×3$$

3 ○ 안에 >, =, <를 알맞게 써넣으시오.

❶ $72×6$ ◯ $72×8$ ❷ $64×8$ ◯ $59×8$

❸ $37×9$ ◯ $111×3$ ❹ $125×5$ ◯ $75×9$

4 계산 결과에 맞게 세 장의 숫자 카드를 한 번씩 사용하여 곱셈식을 만들어 보시오.

2 두·세 자리 곱셈 (2)

지우기

● 숫자를 하나씩 차례로 지우고 곱셈을 하시오.

63×41

6̷3 × 4 1 = 1 2 3
6̷3 × 4 1 = 2 4 6
6 3 × 4̷1 = 6 3
6 3 × 4 1̷ = 2 5 2

❶ 52×34

5̷2 × 3 4 =
5 2̷ × 3 4 =
5 2 × 3̷4 =
5 2 × 3 4̷ =

❷ 36×25

3̷6 × 2 5 =
3 6̷ × 2 5 =
3 6 × 2̷5 =
3 6 × 2 5̷ =

❸ 47×28

4̷7 × 2 8 =
4 7̷ × 2 8 =
4 7 × 2̷8 =
4 7 × 2 8̷ =

❹ 62×37

6̷2 × 3 7 =
6 2̷ × 3 7 =
6 2 × 3̷7 =
6 2 × 3 7̷ =

❺ 53×49

5̷3 × 4 9 =
5 3̷ × 4 9 =
5 3 × 4̷9 =
5 3 × 4 9̷ =

✚ 숫자 하나를 지워 올바른 곱셈식을 만드시오.

$52 \times \cancel{3}2 = 104$ ➜ $52 \times 2 = 104$

① $48 \times 72 = 288$ ➜ _____

② $29 \times 13 = 117$ ➜ _____

③ $92 \times 58 = 460$ ➜ _____

④ $63 \times 38 = 189$ ➜ _____

⑤ $24 \times 54 = 96$ ➜ _____

⑥ $85 \times 67 = 335$ ➜ _____

⑦ $39 \times 42 = 126$ ➜ _____

벌레 먹은 셈

● 지워진 수를 구하시오.

```
    7 4 2
  ×     6
  4 4 5 2
```

❶
```
    ▨ 6
  ×   3
  1 0 8
```

❷
```
    6 1 2
  ×   ▨
  3 6 7 2
```

❸
```
    2 7 ▨
  ×     3
    8 1 9
```

❹
```
    9 ▨
  ×   7
  6 3 7
```

❺
```
    3 0 2
  ×     ▨
  2 4 1 6
```

❻
```
    1 ▨ 4
  ×     6
    6 8 4
```

❼
```
    ▨ 2
  ×   7
  5 7 4
```

❽
```
    ▨ 3 2
  ×     5
  2 1 6 0
```

❾
```
    5 7 2
  ×     ▨
  5 1 4 8
```

❿
```
    2 ▨
  ×   9
  2 4 3
```

⓫
```
    2 ▨ 5
  ×     3
    7 6 5
```

✦ ★과 ●에 알맞은 수를 구하시오.

$$\begin{array}{r} ★\ 1\ 7 \\ \times\qquad ● \\ \hline 6\ 5\ 1 \end{array}$$　★ = $\boxed{2}$　● = $\boxed{3}$

❶
$$\begin{array}{r} 4\ ★\ 3 \\ \times\qquad ● \\ \hline 2\ 8\ 9\ 8 \end{array}$$　★ = ☐　● = ☐

❷
$$\begin{array}{r} ★ \\ \times\ ●\ 2 \\ \hline 1\ 5\ 6 \end{array}$$　★ = ☐　● = ☐

❸
$$\begin{array}{r} ★\ 1\ 4 \\ \times\qquad ● \\ \hline 1\ 2\ 4\ 2 \end{array}$$　★ = ☐　● = ☐

❹
$$\begin{array}{r} ★\ 6 \\ \times\quad ● \\ \hline 3\ 9\ 2 \end{array}$$　★ = ☐　● = ☐

❺
$$\begin{array}{r} ★ \\ \times\ 2\ ●\ 2 \\ \hline 1\ 0\ 8\ 8 \end{array}$$　★ = ☐　● = ☐

❻
$$\begin{array}{r} ★\ 9 \\ \times\quad ● \\ \hline 1\ 9\ 5 \end{array}$$　★ = ☐　● = ☐

❼
$$\begin{array}{r} ★ \\ \times\ 4\ ●\ 7 \\ \hline 4\ 3\ 8\ 3 \end{array}$$　★ = ☐　● = ☐

큰 곱 작은 곱

◑ 숫자 카드를 한 번씩 사용하여 곱셈식을 만든 것입니다. 가장 큰 곱에 ○표, 가장 작은 곱에 △표 하시오.

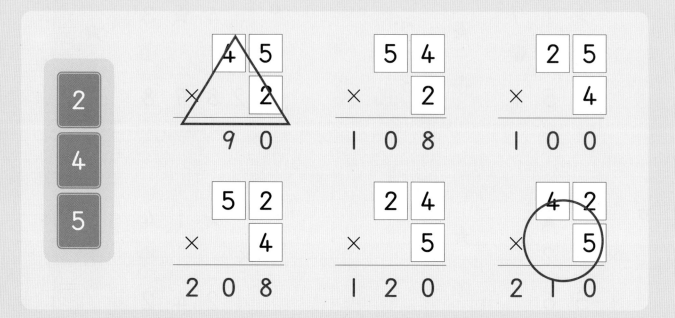

✛ 숫자 카드를 한 번씩만 사용하여 곱이 가장 큰 경우와 가장 작은 경우의 (두 자리 수) × (한 자리 수)의 곱셈식을 만들고 값을 구하시오.

	곱이 가장 큰 경우	곱이 가장 작은 경우
2 6 8	6 2 × 8 —————— 4 9 6	6 8 × 2 —————— 1 3 6

❶

	곱이 가장 큰 경우	곱이 가장 작은 경우
2 5 7		

❷

	곱이 가장 큰 경우	곱이 가장 작은 경우
3 4 9		

584 곱셈 네모

● □ 안에 들어갈 수 있는 수에 모두 ○표 하시오.

$86 \times \square < 240$

① ② 3 4 5

❶ $35 \times \square > 170$

2 3 4 5 6

❷ $68 \times \square < 380$

4 5 6 7 8

❸ $50 \times \square < 221$

3 4 5 6 7

❹ $127 \times \square < 530$

2 3 4 5 6

❺ $230 \times \square > 853$

1 2 3 4 5

❻ $320 \times \square > 991$

1 2 3 4 5

❼ $182 \times \square < 690$

2 3 4 5 6

❽ $593 \times \square < 3000$

3 4 5 6 7

❾ $711 \times \square > 4500$

5 6 7 8 9

✛ ☐ 안에 들어갈 수 있는 수 중에서 가장 큰 수를 쓰시오.

$36 \times \boxed{2} < 80$　　❶ $71 \times \boxed{} < 350$　　❷ $54 \times \boxed{} < 440$

❸ $65 \times \boxed{} < 330$　　❹ $42 \times \boxed{} < 140$　　❺ $28 \times \boxed{} < 210$

❻ $311 \times \boxed{} < 1000$　　　　❼ $390 \times \boxed{} < 2500$

✛ ☐ 안에 들어갈 수 있는 수 중에서 가장 작은 수를 쓰시오.

$27 \times \boxed{2} > 52$　　❽ $53 \times \boxed{} > 170$　　❾ $62 \times \boxed{} > 410$

❿ $83 \times \boxed{} > 300$　　⓫ $38 \times \boxed{} > 180$　　⓬ $72 \times \boxed{} > 200$

⓭ $46 \times \boxed{} > 250$　　⓮ $24 \times \boxed{} > 30$　　⓯ $59 \times \boxed{} > 250$

⓰ $310 \times \boxed{} > 712$　　　　⓱ $621 \times \boxed{} > 1900$

잘 공부했는지 알아봅시다

월 　 일

1 □ 안에 알맞은 수를 써넣으시오.

❶
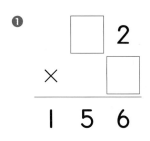

❷
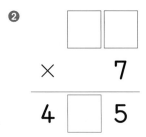

2 곱셈식에서 ★과 ♥에 알맞은 수를 구하시오.

$$\begin{array}{r} \bigstar\,1\,7 \\ \times\qquad\heartsuit \\ \hline 1\,3\,0\,2 \end{array}$$

★ = □

♥ = □

3 세 장의 숫자 카드를 한 번씩만 사용하여 곱이 가장 큰 곱셈식을 만드시오.

4 □ 안에 들어갈 수 있는 자연수는 모두 몇 개입니까?

$$2\times500 \;<\; 265\times\square \;<\; 3\times600$$

26

3

두 자리 곱셈 (1)

두 자리 세로셈

● □ 안에 알맞은 수를 써넣으시오.

```
      1 2
   ×  7 3
   ─────────
      3 6
    8 4
   ─────────
    8 7 6
```

①
```
      3 2
   ×  4 3
```

②
```
      2 6
   ×  6 4
```

③
```
      6 3
   ×  2 5
```

④
```
      3 2
   ×  1 4
```

⑤
```
      1 4
   ×  2 6
```

⑥
```
      6 7
   ×  3 9
```

⑦
```
      1 6
   ×  3 4
```

⑧
```
      3 6
   ×  2 5
```

✚ 세로셈으로 고쳐 곱셈을 하시오.

$25 \times 63 = \boxed{1575}$

```
      2 5
    × 6 3
    ─────
      7 5
  1 5 0
  ─────
  1 5 7 5
```

❶ $19 \times 75 = \boxed{}$

```
      1 9
    × 7 5
```

❷ $62 \times 24 = \boxed{}$

```
      6 2
    × 2 4
```

❸ $17 \times 53 = \boxed{}$

```
      1 7
    × 5 3
```

❹ $92 \times 17 = \boxed{}$

```
      9 2
    × 1 7
```

❺ $48 \times 21 = \boxed{}$

```
      4 8
    × 2 1
```

어림하기

● 곱셈 결과를 어림하여 ○표 하고, 계산 값과 어림한 값의 차를 구하시오. 단, 두 값의 차가 100보다 작게 어림합니다.

	어림한 값	계산 값	차
273×6	(1600) 1400	$\begin{array}{r} 2\ 7\ 3 \\ \times \quad 6 \\ \hline 1\ 6\ 3\ 8 \end{array}$	$1638 - 1600$ $= 38$

①

	어림한 값	계산 값	차
314×5	1600 1800		

②

	어림한 값	계산 값	차
438×4	1600 1800		

✚ 곱셈 결과를 몇백 또는 몇천으로 어림하고, 계산 값과 어림한 값의 차를 구하시오. 단, 두 값의 차가 **100**보다 작게 어림합니다.

21×38	어림한 값	계산 값	차
	800	$\begin{array}{r} 2\,1 \\ \times\ 3\,8 \\ \hline 1\,6\,8 \\ 6\,3\ \\ \hline 7\,9\,8 \end{array}$	$800 - 798$ $= 2$

❶

46×65	어림한 값	계산 값	차

❷

35×27	어림한 값	계산 값	차

격자 곱셈

● ▱ 안에 가로, 세로에 쓰인 수의 곱을 써넣고 ↙방향으로 합을 구하여 곱셈을 하시오.

$54 \times 3 = \boxed{162}$

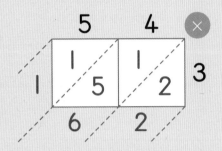

① $73 \times 5 = \boxed{}$

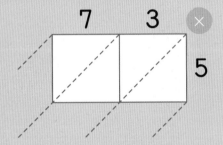

② $32 \times 4 = \boxed{}$

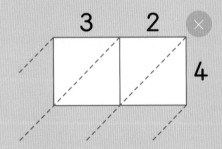

③ $28 \times 6 = \boxed{}$

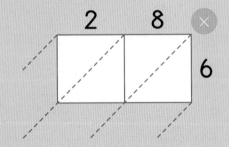

④ $89 \times 3 = \boxed{}$

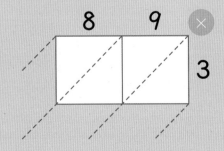

⑤ $56 \times 7 = \boxed{}$

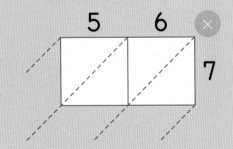

✚ ▱ 안에 가로, 세로의 수에 쓰인 곱을 써넣고 ↙방향으로 합을 구하여 곱셈을 하시오.

54×36= 1944

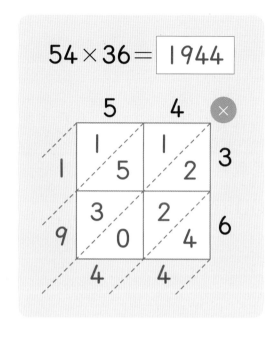

❶ 65×43=

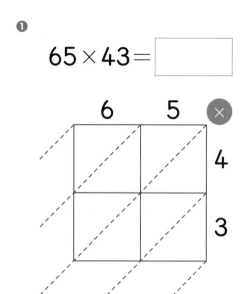

❷ 35×82=

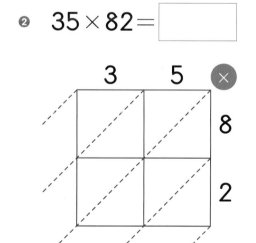

❸ 93×75=

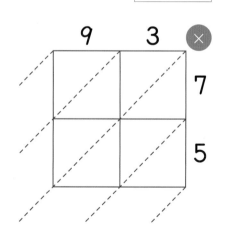

숫자 카드 조건

● 숫자 카드를 한 번씩만 사용하여 곱셈식을 만듭니다. □ 안에 알맞은 수를 써넣으시오.

5	4
2	7

가장 큰 두 자리 수는 **75** 입니다.

가장 작은 두 자리 수는 **24** 입니다.

가장 큰 두 자리 수와 가장 작은 두 자리 수의 곱은

75 × **24** = **1800** 입니다.

---

①

3	5
0	8

가장 작은 세 자리 수는 □ 입니다.

나머지 한 자리 수는 □ 입니다.

가장 작은 세 자리 수와 나머지 한 자리 수의 곱은

□ × □ = □ 입니다.

---

②

7	2
6	1

가장 큰 두 자리 수는 □ 입니다.

가장 작은 두 자리 수는 □ 입니다.

가장 큰 두 자리 수와 가장 작은 두 자리 수의 곱은

□ × □ = □ 입니다.

✦ 숫자 카드를 한 번씩 사용하여 조건에 맞는 곱셈식을 만들고 값을 구하시오.

조건

가장 큰 두 자리 수와
가장 작은 두 자리 수의 곱

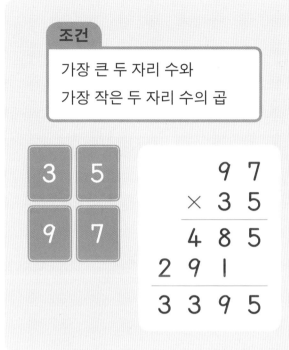

```
      9 7
  ×   3 5
  -------
    4 8 5
  2 9 1
  -------
  3 3 9 5
```

❶ **조건**

가장 큰 두 자리 수와
가장 작은 두 자리 수의 곱

5 8
6 2

❷ **조건**

가장 큰 세 자리 수와
나머지 한 자리 수의 곱

4 6
7 3

❸ **조건**

가장 작은 세 자리 수와
나머지 한 자리 수의 곱

4 8
0 2

1 계산 결과가 다른 하나를 찾아 ◯표 하시오.

$$27 \times 24 \qquad 54 \times 12 \qquad 18 \times 36 \qquad 42 \times 14$$

2 다음 두 수의 합과 차를 구하고, 구한 합과 차의 곱을 구하시오.

$$35 \qquad 56$$

두 수의 합 : _____   두 수의 차 : _____   합과 차의 곱 : _____

3 네 장의 숫자 카드를 한 번씩만 사용하여 두 자리 수를 만들 때, 가장 큰 두 자리 수와 가장 작은 두 자리 수의 곱을 구하시오.

4 ☐ 안에 들어갈 수 있는 자연수 중에서 가장 큰 수를 구하시오.

$$\boxed{}\,3 \times 15 < 1000$$

4 두 자리 곱셈 (2)

가우스 덧셈

● 덧셈을 곱셈으로 고쳐서 계산하시오.

$$13+14+15+16+17+18+19=16\times\boxed{7}=\boxed{112}$$

16+16
16+16
16+16

❶ $8+9+10+11+12+13+14+15=23\times\boxed{}=\boxed{}$

23
23
23
23

❷ $22+23+24+25+26=24\times\boxed{}=\boxed{}$

24+24
24+24

❸ $17+18+19+20+21+22=39\times\boxed{}=\boxed{}$

39
39
39

❹ $35+36+37+38+39+40+41=38\times\boxed{}=\boxed{}$

38+38
38+38
38+38

✛ 다음 수를 모두 쓰고 곱셈식을 이용하여 수의 합을 구하시오.

21보다 크고 29보다 작은 수

| 22 | + | 23 | + | 24 | + | 25 | + | 26 | + | 27 | + | 28 |

= 25 × 7 = 175

❶ 15보다 크고 20보다 작은 수

☐ + ☐ + ☐ + ☐ = ☐ × ☐ = ☐

❷ 12에서 18까지의 수

☐ + ☐ + ☐ + ☐ + ☐ + ☐ + ☐

= ☐ × ☐ = ☐

❸ 12보다 크고 28보다 작은 홀수

☐ + ☐ + ☐ + ☐ + ☐ + ☐ + ☐ + ☐

= ☐ × ☐ = ☐

❹ 12보다 크고 28보다 작은 짝수

☐ + ☐ + ☐ + ☐ + ☐ + ☐ + ☐

= ☐ × ☐ = ☐

잘못된 계산

● 잘못 계산된 것을 찾아 모두 ×표 하시오.

```
    9 6          2 7          8 3              9 0
  ×   6        ×   8        × 2 0          ×   1 8
    3 6          5 6          1 6 6            7 2 0
  5 4            1 6                          9 0
  5 7 6          7 2                        1 6 2 0
```

❶
```
    9 4          3 1          4 8            1 5 9
  ×   9        ×   6        × 2 5          ×     8
    3 6            6          2 4 0            7 2
  8 1            1 8          9 6              4 0
  1 1 7          1 8 6      1 2 0 0          8
                                            9 1 2
```

❷
```
    8 6        2 0 7          6 4              3 5
  × 2 5        ×   6        ×   9          ×   6 7
    4 3 0          4 2        3 6            2 4 5
  1 7 2          1 2          5 4            2 1
  2 1 5 0        1 6 2        5 7 6          4 5 5
```

✚ 잘못 계산한 곳을 찾아 바르게 고치시오.

$$
\begin{array}{r}
76 \\
\times\ 41 \\
\hline
76 \\
304 \\
\hline
380
\end{array}
\qquad\rightarrow\qquad
\begin{array}{r}
76 \\
\times\ 41 \\
\hline
76 \\
304 \\
\hline
3116
\end{array}
$$

❶
$$
\begin{array}{r}
56 \\
\times\ 8 \\
\hline
48 \\
40 \\
\hline
88
\end{array}
\qquad\rightarrow\qquad
\begin{array}{r}
56 \\
\times\ 8 \\
\hline
\end{array}
$$

❷
$$
\begin{array}{r}
153 \\
\times\ 9 \\
\hline
27 \\
45 \\
9 \\
\hline
972
\end{array}
\qquad\rightarrow\qquad
\begin{array}{r}
153 \\
\times\ 9 \\
\hline
\end{array}
$$

❸
$$
\begin{array}{r}
76 \\
\times\ 39 \\
\hline
684 \\
228 \\
\hline
912
\end{array}
\qquad\rightarrow\qquad
\begin{array}{r}
76 \\
\times\ 39 \\
\hline
\end{array}
$$

❹
$$
\begin{array}{r}
59 \\
\times\ 53 \\
\hline
177 \\
25\ \ \\
\hline
2677
\end{array}
\qquad\rightarrow\qquad
\begin{array}{r}
59 \\
\times\ 53 \\
\hline
\end{array}
$$

❺
$$
\begin{array}{r}
502 \\
\times\ 8 \\
\hline
16 \\
40 \\
\hline
416
\end{array}
\qquad\rightarrow\qquad
\begin{array}{r}
502 \\
\times\ 8 \\
\hline
\end{array}
$$

곱셈 문장제

❶ 문제에 맞게 식의 □ 안에 알맞은 수를 써넣으시오.

세호네 농장에는 토끼가 **24**마리 있습니다. 토끼의 다리는 모두 몇 개입니까?

식 : 24 × 4 = 96 (개) 답 : 96 개

① 지은이네 마을에는 박씨 성을 가진 사람이 **126**명이고 김씨 성을 가진 사람은 박씨 성의 **4**배입니다. 김씨 성을 가진 사람은 모두 몇 명입니까?

식 : ☐ × ☐ = ☐ (명) 답 : ☐ 명

② 명지네 학교 **3**학년은 **12**반까지 있습니다. 한 반의 학생이 **28**명일 때, 명지네 학교 **3**학년 학생은 모두 몇 명입니까?

식 : ☐ × ☐ = ☐ (명) 답 : ☐ 명

③ 마을버스의 초등학생 요금은 **450**원입니다. **6**명의 초등학생이 마을버스를 타려면 얼마를 내야 합니까?

식 : ☐ × ☐ = ☐ (원) 답 : ☐ 원

④ 학생 한 명당 **18**개의 사탕을 나누어 주려고 합니다. 학생이 모두 **23**명일 때, 사탕은 모두 몇 개가 필요합니까?

식 : ☐ × ☐ = ☐ (개) 답 : ☐ 개

✚ 식과 답을 쓰시오.

서준이는 매일 **34**쪽씩 책을 읽습니다. 서준이가 **2**주일 동안 읽은 책은 모두 몇 쪽입니까?

식 : $2 \times 7 = 14, \ 34 \times 14 = 476$(쪽)　　답 : 476 쪽

❶ 수현이네 **3**학년 여학생의 수는 **138**명이고, **3**학년 남학생의 수는 **3**학년 여학생 수의 **2**배입니다. **4**학년의 학생 수는 **3**학년 남학생 수의 **4**배일 때, **4**학년 학생 수는 몇 명입니까?

식 : _____　　답 : _____ 명

❷ 미니 열차에는 총 **5**칸이 있습니다. 한 칸에 **25**명이 탈 수 있다고 할 때, 미니 열차 **8**대에 탈 수 있는 사람은 모두 몇 명입니까?

식 : _____　　답 : _____ 명

❸ 우미네 학교 **3**학년은 **9**반까지 있습니다. 한 반의 학생이 **32**명이고 학생 한 명 당 공책을 **8**권씩 줄 때, 필요한 공책은 모두 몇 권입니까?

식 : _____　　답 : _____ 권

❹ 어느 공장에서는 하루에 **230**대씩 자동차를 생산합니다. 자동차 한 대에는 **4**개의 타이어가 필요합니다. 이 공장에서 **7**일 동안 생산하는 자동차에 필요한 타이어는 모두 몇 개입니까?

식 : _____　　답 : _____ 개

바르게 계산하기

● 같은 모양은 같은 수를 나타냅니다. □ 안에 알맞은 수를 써넣으시오.

$●+63=100$
$●×63=\boxed{2331}$

① $214-▲=208$
$214×▲=\boxed{}$

② $■-12=40$
$■×47=\boxed{}$

③ $100-♣=96$
$804×♣=\boxed{}$

④ $90-♥=83$
$213×♥=\boxed{}$

⑤ $♠-18=6$
$♠×89=\boxed{}$

⑥ $★+52=66$
$★×52=\boxed{}$

⑦ $31+◆=57$
$68×◆=\boxed{}$

⑧ $◈+67=71$
$◈×275=\boxed{}$

⑨ $99-◉=72$
$34×◉=\boxed{}$

✛ ☐를 사용한 식으로 나타내고 바르게 계산하시오.

어떤 수에 **27**을 곱해야 할 것을 잘못하여 더했더니 **85**가 되었습니다. 바르게 계산한 값을 구하시오.

덧셈식 : $\square + 27 = 85$

어떤 수 : $\square = 85 - 27 = 58$

바른 계산 : $58 \times 27 = 1566$

❶ 어떤 수에 **8**을 곱해야 할 것을 잘못하여 빼었더니 **215**가 되었습니다. 바르게 계산한 값을 구하시오.

뺄셈식 : _____

어떤 수 : _____

바른 계산 : _____

❷ 어떤 수에 **55**를 곱해야 할 것을 잘못하여 더했더니 **94**가 되었습니다. 바르게 계산한 값을 구하시오.

덧셈식 : _____

어떤 수 : _____

바른 계산 : _____

❸ 어떤 수에 **6**을 곱해야 할 것을 잘못하여 더했더니 **494**가 되었습니다. 바르게 계산한 값을 구하시오.

덧셈식 : _____

어떤 수 : _____

바른 계산 : _____

잘 공부했는지 알아봅시다

1 다음을 계산하시오.

$$1+2+3+\cdots+48+49+50$$

2 소희네 학교의 전체 학생은 **512**명입니다. 한 명에게 공책을 **4**권씩 나누어 주려면 필요한 공책은 모두 몇 권입니까?

식 : _____   답 : _____ 권

3 어떤 수에 **32**를 곱해야 할 것을 잘못하여 더했더니 **67**이 되었습니다. 바르게 계산한 값을 구하시오.

식 : _____   답 : _____

4 형철이는 **70**원짜리 편지 봉투 **15**장을 사고 **3000**원을 냈습니다. 형철이가 받아야 할 거스름돈은 얼마입니까?

식 : _____   답 : _____ 원

5 나머지가 없는 나눗셈

동전 나누기

● 그림을 보고 ☐ 안에 알맞은 수를 써넣으시오.

$$96 \div 3 = 32$$

❶

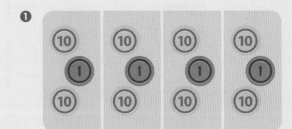

$$\boxed{} \div 4 = \boxed{}$$

❷

$$\boxed{} \div 2 = \boxed{}$$

❸

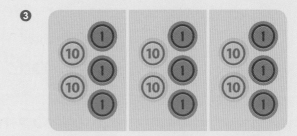

$$\boxed{} \div 3 = \boxed{}$$

❹

$$\boxed{} \div 4 = \boxed{}$$

❺

$$\boxed{} \div 2 = \boxed{}$$

➕ 나누는 수만큼 묶음의 수가 되도록 동전을 나누고, ☐ 안에 알맞은 수를 써넣으시
오. 단, 금액이 모두 같도록 나누어야 합니다.

$$63 \div 3 = 21$$

❶

$$\boxed{} \div 4 = \boxed{}$$

❷

$$\boxed{} \div 2 = \boxed{}$$

❸

$$\boxed{} \div 5 = \boxed{}$$

❹

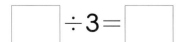

$$\boxed{} \div 3 = \boxed{}$$

❺

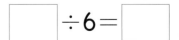

$$\boxed{} \div 6 = \boxed{}$$

● □ 안에 알맞은 수를 써넣으시오.

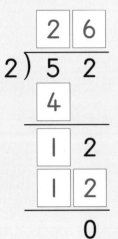

❶
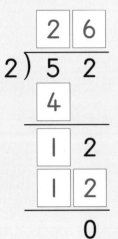

❷
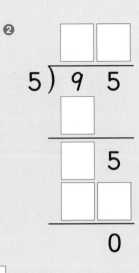

❸
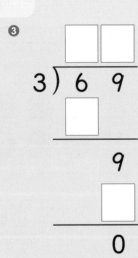

❹
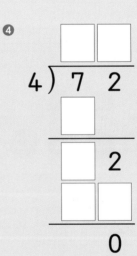

❺
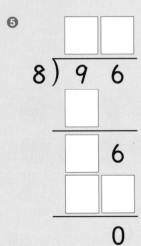

❻
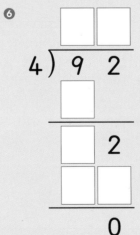

❼
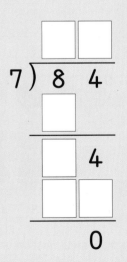

50

● 세로셈으로 고쳐 다음 나눗셈을 하시오.

$84 \div 4$

$$
\begin{array}{r}
2\ 1 \\
4\,\overline{)8\ 4} \\
8 \\
\hline
4 \\
4 \\
\hline
0
\end{array}
$$

❶ $65 \div 5$

❷ $93 \div 3$

❸ $76 \div 4$

❹ $98 \div 7$

❺ $86 \div 2$

선긋기

● 관계 있는 것끼리 선으로 이으시오.

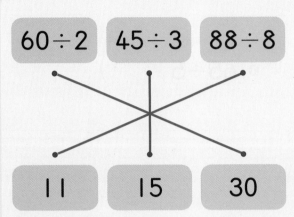

1

93÷3	54÷6	72÷4

9	18	31

2

77÷7	84÷6	90÷5

11	18	14

3

50÷5	91÷7	76÷4

13	10	19

4

81÷3	80÷4	45÷3

15	27	20

5

98÷2	36÷6	96÷8

12	6	49

⊕ 몫이 같은 것끼리 선으로 이으시오.

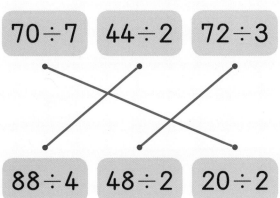

❶

| $84 \div 7$ | $54 \div 9$ | $68 \div 4$ |

| $48 \div 8$ | $60 \div 5$ | $51 \div 3$ |

❷

| $99 \div 3$ | $49 \div 7$ | $80 \div 4$ |

| $60 \div 3$ | $42 \div 6$ | $66 \div 2$ |

❸

| $45 \div 3$ | $66 \div 6$ | $72 \div 8$ |

| $63 \div 7$ | $99 \div 9$ | $90 \div 6$ |

❹

| $52 \div 4$ | $28 \div 7$ | $93 \div 3$ |

| $62 \div 2$ | $78 \div 6$ | $36 \div 9$ |

❺

| $96 \div 4$ | $34 \div 2$ | $69 \div 3$ |

| $85 \div 5$ | $72 \div 3$ | $92 \div 4$ |

596 숫자 카드 목표수

● 숫자 카드를 한 번씩 모두 사용하여 나눗셈식을 완성하시오.

[3] [4] [5]

$4\,5 \div 3 = 15$

❶ [6] [3] [9]

$\square\square \div \square = 23$

❷ [2] [4] [5]

$\square\square \div \square = 27$

❸ [5] [5] [6]

$\square\square \div \square = 13$

❹ [3] [4] [8]

$\square\square \div \square = 16$

❺ [4] [6] [8]

$\square\square \div \square = 14$

❻ [6] [9] [4]

$\square\square \div \square = 24$

❼ [8] [4] [3]

$\square\square \div \square = 28$

⊕ 숫자 카드를 한 번씩 모두 사용하여 계산 결과에 맞는 나눗셈식을 쓰시오.

8 4 6

$64 \div 8 = 8$

$84 \div 6 = 14$

$68 \div 4 = 17$

❶ 8 1 9

$= 2$

$= 9$

$= 98$

❷ 4 2 6

$= 4$

$= 23$

$= 32$

❸ 4 8 2

$= 3$

$= 42$

$= 24$

❹ 9 3 6

$= 4$

$= 23$

$= 32$

❺ 3 7 5

$= 5$

$= 19$

$= 25$

월   일

1 세로셈으로 다음 나눗셈을 하시오.

❶

3)8 7

❷

5)7 0

❸

2)6 8

2 몫이 같은 것끼리 선으로 이으시오.

28÷4 •

36÷3 •

85÷5 •

• 34÷2

• 63÷9

• 72÷6

3 숫자 카드를 한 번씩 모두 사용하여 계산 결과에 맞는 나눗셈식을 만드시오.

3   4   8

□□ ÷ □ = 16

□□ ÷ □ = 28

56

6

나머지가 있는
나눗셈

구슬 묶기

● 구슬을 ■ 안의 수만큼 묶은 다음, 묶음의 수를 ○ 안에 쓰고 남은 구슬의 수는 △ 안에 써넣으시오.

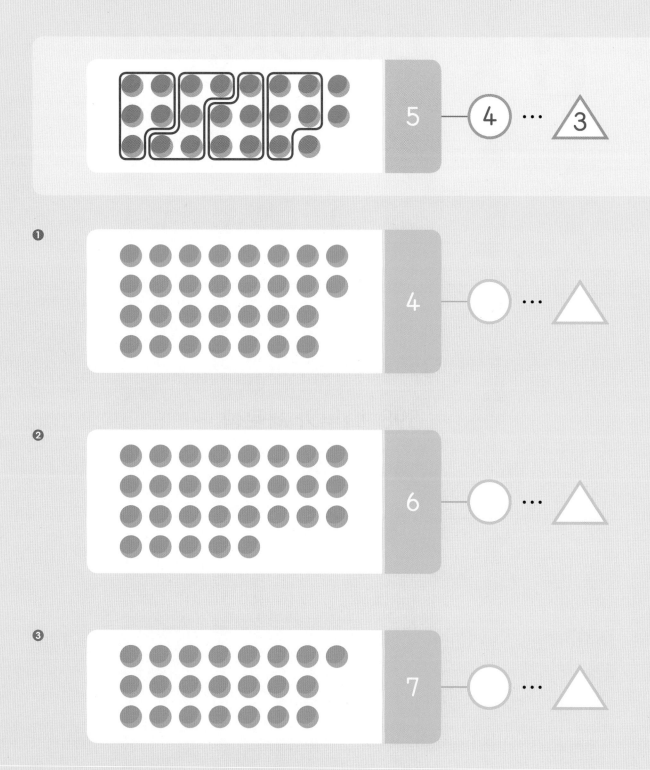

✚ 그림을 보고 ☐ 안에 알맞은 수를 써넣으시오.

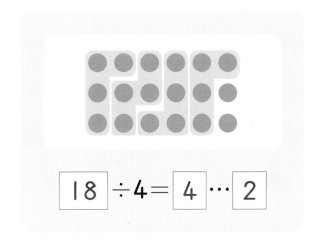

$$18 \div 4 = \boxed{4} \cdots \boxed{2}$$

❶

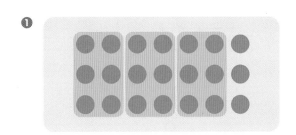

$$\boxed{} \div 6 = \boxed{} \cdots \boxed{}$$

❷

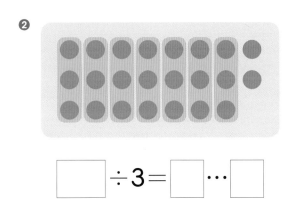

$$\boxed{} \div 3 = \boxed{} \cdots \boxed{}$$

❸

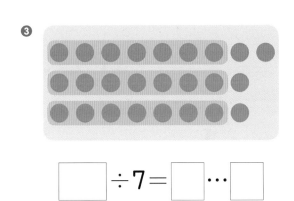

$$\boxed{} \div 7 = \boxed{} \cdots \boxed{}$$

❹

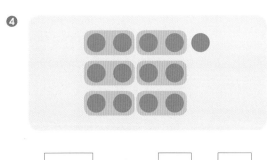

$$\boxed{} \div 2 = \boxed{} \cdots \boxed{}$$

❺

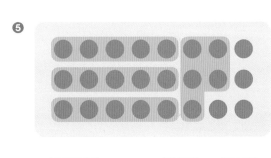

$$\boxed{} \div 5 = \boxed{} \cdots \boxed{}$$

나누기 세로셈

● □ 안에 알맞은 수를 써넣으시오.

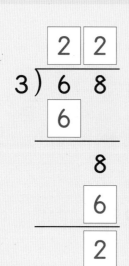

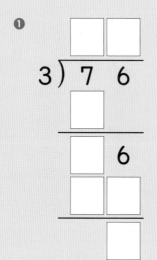

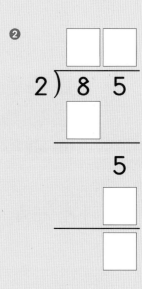

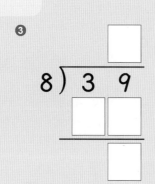

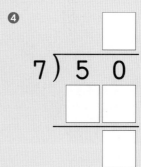

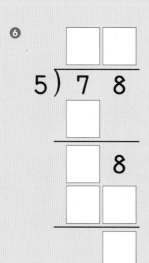

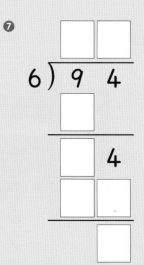

✦ 세로셈으로 고쳐 다음 나눗셈을 계산하시오.

$57 \div 2$

```
      2 8
  2)5 7
    4
    ─────
    1 7
    1 6
    ─────
      1
```

❶ $48 \div 7$

```
  7)4 8
```

❷ $89 \div 4$

```
  4)8 9
```

❸ $63 \div 5$

```
  5)6 3
```

❹ $75 \div 6$

```
  6)7 5
```

❺ $51 \div 7$

```
  7)5 1
```

검산식

○ 나눗셈을 검산하려고 합니다. □ 안에 알맞은 수를 써넣으시오.

$43 \div 8 = 5 \cdots 3$ → 검산 : $\boxed{8} \times \boxed{5} + \boxed{3} = \boxed{43}$

❶ $75 \div 6 = 12 \cdots 3$ → 검산 : $\boxed{} \times \boxed{} + \boxed{} = \boxed{}$

❷ $43 \div 3 = 14 \cdots 1$ → 검산 : $\boxed{} \times \boxed{} + \boxed{} = \boxed{}$

❸ $87 \div 5 = 17 \cdots 2$ → 검산 : $\boxed{} \times \boxed{} + \boxed{} = \boxed{}$

❹ $93 \div 2 = 46 \cdots 1$ → 검산 : $\boxed{} \times \boxed{} + \boxed{} = \boxed{}$

❺ $26 \div 6 = 4 \cdots 2$ → 검산 : $\boxed{} \times \boxed{} + \boxed{} = \boxed{}$

❻ $38 \div 3 = 12 \cdots 2$ → 검산 : $\boxed{} \times \boxed{} + \boxed{} = \boxed{}$

✚ 검산식을 보고 나눗셈식과 몫, 나머지를 구하시오.

$7 \times 12 + 5 = 89$

나눗셈식 : $89 \div 7 = 12 \cdots 5$

몫 : 12 나머지 : 5

❶ $6 \times 13 + 3 = 81$

나눗셈식 : _____

몫 : _____ 나머지 : _____

❷ $3 \times 11 + 2 = 35$

나눗셈식 : _____

몫 : _____ 나머지 : _____

❸ $5 \times 8 + 4 = 44$

나눗셈식 : _____

몫 : _____ 나머지 : _____

❹ $4 \times 10 + 3 = 43$

나눗셈식 : _____

몫 : _____ 나머지 : _____

❺ $6 \times 9 + 5 = 59$

나눗셈식 : _____

몫 : _____ 나머지 : _____

하우스

● 빈칸에 나눗셈의 몫과 나머지를 써넣으시오.

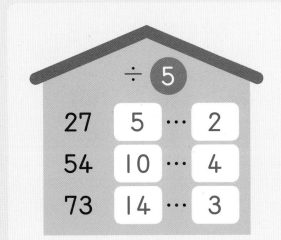

÷ 5

27 → 5 … 2
54 → 10 … 4
73 → 14 … 3

❶
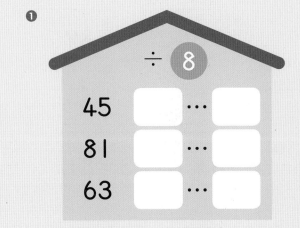

÷ 8

45 → ☐ … ☐
81 → ☐ … ☐
63 → ☐ … ☐

❷
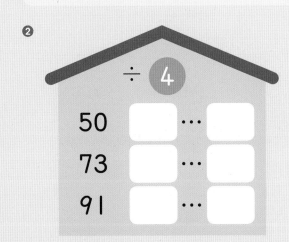

÷ 4

50 → ☐ … ☐
73 → ☐ … ☐
91 → ☐ … ☐

❸

÷ 6

64 → ☐ … ☐
41 → ☐ … ☐
79 → ☐ … ☐

❹
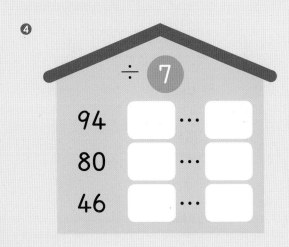

÷ 7

94 → ☐ … ☐
80 → ☐ … ☐
46 → ☐ … ☐

❺
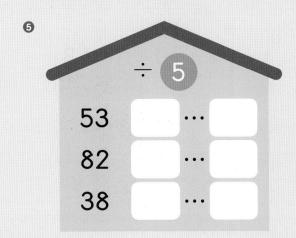

÷ 5

53 → ☐ … ☐
82 → ☐ … ☐
38 → ☐ … ☐

⊕ 빈칸에 알맞은 수를 써넣으시오.

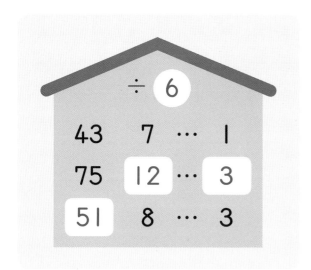

÷ 6

43   7 ⋯ 1
75   12 ⋯ 3
51   8 ⋯ 3

①

÷ ◯

  28 ⋯ 1
29   9 ⋯ 2
92   ⋯

②

÷ ◯

62   ⋯
  11 ⋯ 4
78   15 ⋯ 3

③

÷ ◯

69   9 ⋯
87   ⋯ 3
  6 ⋯ 3

④

÷ ◯

  18 ⋯ 3
57   ⋯ 1
23   5 ⋯

⑤

÷ ◯

  7 ⋯ 3
29   4 ⋯ 5
94   ⋯

잘 공부했는지 알아봅시다

1 몫의 크기를 비교하여 ○ 안에 >, =, < 를 알맞게 써넣으시오.

❶ $83 \div 5 \bigcirc 83 \div 6$

❷ $58 \div 7 \bigcirc 85 \div 7$

2 관계 있는 것끼리 선으로 이으시오.

$80 \div 3$ •

$73 \div 5$ •

$67 \div 4$ •

• $4 \times 16 + 3$

• $3 \times 26 + 2$

• $5 \times 14 + 3$

3 어떤 나눗셈식을 계산한 다음 검산을 하였더니 다음과 같은 식이 되었습니다. 계산한 나눗셈식을 쓰고 몫과 나머지를 구하시오.

$8 \times 12 + 3 = 99$

나눗셈식 : _____

몫 : _____   나머지 : _____

문해결 나눗셈 (1)

다리 잇기

● 왼쪽 수를 위의 수로 나누었을 때의 나머지에 맞게 선을 이으시오.

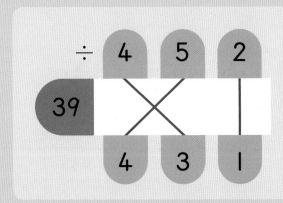

	÷	4	5	2
39		4	3	1

①

	÷	7	8	9
46		1	6	4

②

	÷	6	3	8
71		5	2	7

③

	÷	9	4	5
99		0	4	3

④

	÷	5	7	4
53		1	3	4

⑤

	÷	2	6	3
88		4	1	0

나머지가 가장 큰 것을 선으로 잇고 ◯ 안에 그 나머지를 써넣으시오.

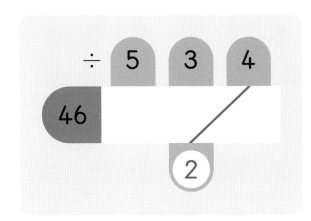

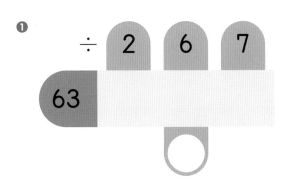

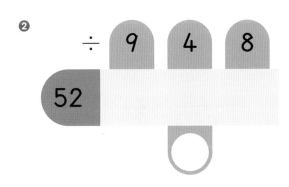

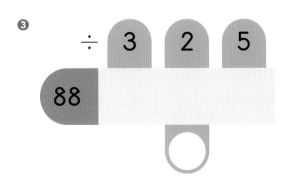

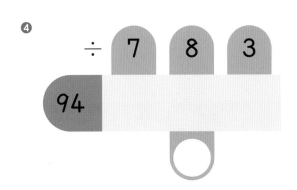

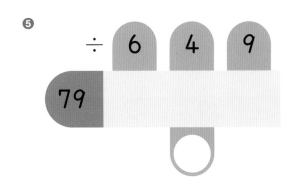

팻말

● 알맞은 수에 모두 ○표 하시오.

3으로 나누면 나머지가 1

15 ㉒ 36
㉞ 44 59

① **5로 나누면 나머지가 2**

60 45 27
85 72 90

② **6으로 나누면 나머지가 5**

41 62 54
63 84 77

③ **7로 나누면 나머지가 4**

17 81 31
53 96 65

④ **4로 나누면 나머지가 2**

39 12 98
75 30 61

⑤ **8로 나누면 나머지가 1**

52 47 76
25 68 57

✛ 두 조건을 만족하는 수를 모두 찾아 빈칸에 써넣으시오.

30보다 크고 40보다 작은 수

33, 39

6으로 나누면 나머지가 3

❶

55보다 크고 60보다 작은 수

3으로 나누면 나머지가 2

❷

60보다 크고 80보다 작은 수

9로 나누면 나머지가 8

❸

40보다 크고 50보다 작은 수

5로 나누면 나머지가 1

❹

80보다 크고 100보다 작은 수

8로 나누면 나머지가 5

❺

80보다 크고 90보다 작은 수

7로 나누면 나머지가 4

나머지

◑ 나머지가 ● 안의 수일 때 □ 안에 들어갈 수 있는 수에 모두 ○표 하시오.

$3\square \div 4 \cdots$ **3**

2 4 ⑤ 8 ⑨

❶ $\square 2 \div 7 \cdots$ **5**

1 3 6 8 9

❷ $7\square \div 5 \cdots$ **2**

0 2 4 7 9

❸ $\square 1 \div 6 \cdots$ **1**

2 3 6 7 8

❹ $5\square \div 3 \cdots$ **1**

2 4 5 7 9

❺ $\square 6 \div 8 \cdots$ **6**

1 2 4 6 8

❻ $4\square \div 7 \cdots$ **0**

0 2 6 8 9

❼ $\square 7 \div 3 \cdots$ **2**

1 3 5 7 8

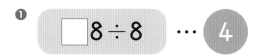
월   일

➕ 나머지가 ● 안의 수일 때 □ 안에 들어갈 수 있는 수를 모두 쓰시오.

4□ ÷ 6 … 5

1, 7
_____

❶ □8 ÷ 8 … 4
_____

❷ 2□ ÷ 3 … 1
_____

❸ □6 ÷ 7 … 5
_____

❹ 8□ ÷ 5 … 3
_____

❺ □0 ÷ 4 … 0
_____

❻ 3□ ÷ 8 … 6
_____

❼ □9 ÷ 6 … 5
_____

❽ 2□ ÷ 7 … 6
_____

❾ □1 ÷ 8 … 7
_____

숫자 카드 나눗셈

● 숫자 카드를 사용하여 (두 자리 수)÷(한 자리 수)의 식을 만든 것입니다. 몫과 나머지를 구하시오.

2 5 6

$25 \div 6 = 4 \cdots 1$

$62 \div 5 = 12 \cdots 2$

$65 \div 2 = 32 \cdots 1$

❶

3 4 9

$34 \div 9 = \boxed{} \cdots \boxed{}$

$49 \div 3 = \boxed{} \cdots \boxed{}$

$93 \div 4 = \boxed{} \cdots \boxed{}$

❷

5 7 8

$75 \div 8 = \boxed{} \cdots \boxed{}$

$78 \div 5 = \boxed{} \cdots \boxed{}$

$85 \div 7 = \boxed{} \cdots \boxed{}$

❸

2 3 9

$29 \div 3 = \boxed{} \cdots \boxed{}$

$32 \div 9 = \boxed{} \cdots \boxed{}$

$39 \div 2 = \boxed{} \cdots \boxed{}$

➕ 숫자 카드로 (두 자리 수)÷(한 자리 수)의 식을 만들려고 합니다. 몫이 가장 클 때와 나머지가 가장 클 때의 나눗셈식을 만들고 계산하시오.

	7 4 9	몫이 가장 클 때 :	$97 \div 4 = 24 \cdots 1$
		나머지가 가장 클 때 :	$94 \div 7 = 13 \cdots 3$

❶

몫이 가장 클 때 : _____

나머지가 가장 클 때 : _____

❷

몫이 가장 클 때 : _____

나머지가 가장 클 때 : _____

❸

몫이 가장 클 때 : _____

나머지가 가장 클 때 : _____

❹

몫이 가장 클 때 : _____

나머지가 가장 클 때 : _____

잘 공부했는지 알아봅시다

1 나머지가 **5**가 될 수 없는 식에 모두 ○표 하시오.

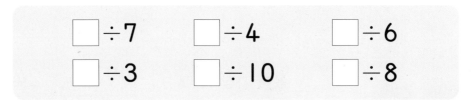

$$\square \div 7 \qquad \square \div 4 \qquad \square \div 6$$

$$\square \div 3 \qquad \square \div 10 \qquad \square \div 8$$

2 **50**보다 작은 두 자리 수 중에서 **6**으로 나누었을 때 나머지가 **5**인 수는 몇 개입니까?

3 나눗셈이 나누어떨어진다고 할 때, **0**에서 **9**까지의 숫자 중에서 □ 안에 들어갈 수 있는 숫자를 모두 구하시오.

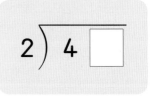

$$2\,)\,\overline{4\,\square}$$

4 숫자 카드를 모두 한 번씩 사용하여 나머지가 가장 큰 (두 자리 수)÷(한 자리 수)를 만들고, 계산하시오.

$$\boxed{4} \quad \boxed{8} \quad \boxed{7}$$

8

문해결 나눗셈 (2)

잘못된 계산

● 잘못 계산된 것을 찾아 ✕표 하시오.

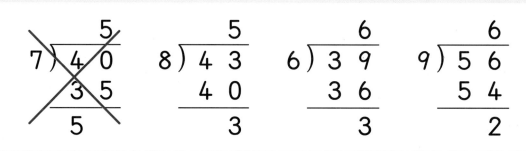

$$
\begin{array}{r}
5 \\
7\,)\,\overline{4\;0} \\
3\;5 \\
\hline
5
\end{array}
\qquad
\begin{array}{r}
5 \\
8\,)\,\overline{4\;3} \\
4\;0 \\
\hline
3
\end{array}
\qquad
\begin{array}{r}
6 \\
6\,)\,\overline{3\;9} \\
3\;6 \\
\hline
3
\end{array}
\qquad
\begin{array}{r}
6 \\
9\,)\,\overline{5\;6} \\
5\;4 \\
\hline
2
\end{array}
$$

①

$$
\begin{array}{r}
6 \\
5\,)\,\overline{3\;0} \\
3\;0 \\
\hline
0
\end{array}
\qquad
\begin{array}{r}
9 \\
3\,)\,\overline{2\;9} \\
2\;7 \\
\hline
2
\end{array}
\qquad
\begin{array}{r}
9 \\
8\,)\,\overline{7\;3} \\
7\;2 \\
\hline
1
\end{array}
\qquad
\begin{array}{r}
5 \\
4\,)\,\overline{2\;3} \\
2\;0 \\
\hline
3
\end{array}
$$

②

$$
\begin{array}{r}
5 \\
9\,)\,\overline{4\;8} \\
4\;5 \\
\hline
3
\end{array}
\qquad
\begin{array}{r}
8 \\
6\,)\,\overline{5\;3} \\
4\;8 \\
\hline
5
\end{array}
\qquad
\begin{array}{r}
8 \\
2\,)\,\overline{1\;6} \\
1\;6 \\
\hline
0
\end{array}
\qquad
\begin{array}{r}
9 \\
7\,)\,\overline{6\;2} \\
6\;3 \\
\hline
1
\end{array}
$$

③

$$
\begin{array}{r}
8 \\
4\,)\,\overline{3\;3} \\
3\;2 \\
\hline
1
\end{array}
\qquad
\begin{array}{r}
4 \\
9\,)\,\overline{4\;5} \\
3\;6 \\
\hline
9
\end{array}
\qquad
\begin{array}{r}
7 \\
8\,)\,\overline{6\;0} \\
5\;6 \\
\hline
4
\end{array}
\qquad
\begin{array}{r}
6 \\
3\,)\,\overline{2\;0} \\
1\;8 \\
\hline
2
\end{array}
$$

계산에서 잘못된 것을 찾아 바르게 계산하시오.

보기

```
      1 9                      2 3
  4 ) 9 2                  4 ) 9 2
      4            →           8
    ─────                    ─────
      5 2                      1 2
      3 6                      1 2
    ─────                    ─────
      1 6                        0
```

❶

```
      1 2
  4 ) 6 0                  4 ) 6 0
      4            →
    ─────
      1 0
        8
    ─────
        2
```

❷

```
      1 1
  7 ) 8 5                  7 ) 8 5
      7            →
    ─────
      1 5
        7
    ─────
        8
```

❸

```
      1 1
  5 ) 7 9                  5 ) 7 9
      5            →
    ─────
        9
        5
    ─────
        4
```

❹

```
      2 6
  3 ) 8 6                  3 ) 8 6
      6            →
    ─────
      2 0
      1 8
    ─────
        2
```

❺

```
      1 5
  4 ) 6 7                  4 ) 6 7
      4            →
    ─────
      2 7
      2 0
    ─────
        7
```

606 벌레 먹은 나눗셈

● □ 안에 알맞은 수를 써넣으시오.

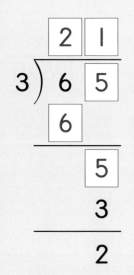

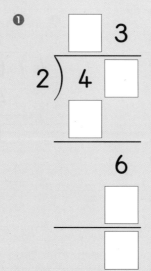

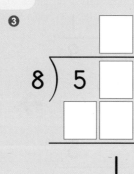

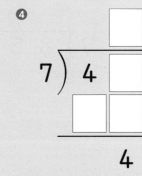

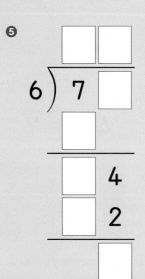

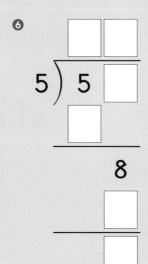

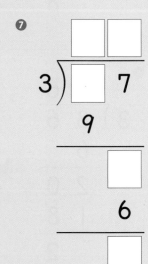

✚ □ 안에 알맞은 수를 써넣으시오.

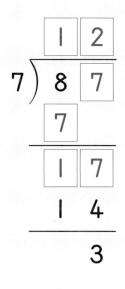

❶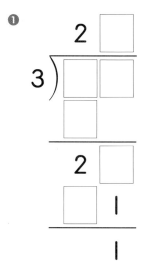

❷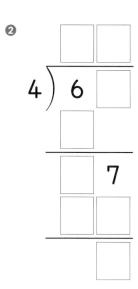

❸

❹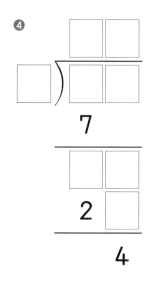

❺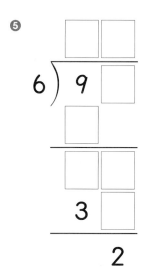

607   어떤 수 구하기

● 어떤 수를 □로 놓고 나눗셈식과 검산식을 만드시오.

> 78을 어떤 수로 나누었더니 몫이 15이고 나머지가 3입니다.
>
> 나눗셈식 : $78 \div \square = 15 \cdots 3$ 검산식 : $\square \times 15 + 3 = 78$

❶ 54를 어떤 수로 나누었더니 몫이 7이고 나머지가 5입니다.

나눗셈식 : _____   검산식 : _____

❷ 어떤 수를 6으로 나누었더니 몫이 16이고 나머지가 1입니다.

나눗셈식 : _____   검산식 : _____

❸ 70을 어떤 수로 나누었더니 몫이 8이고 나머지가 6입니다.

나눗셈식 : _____   검산식 : _____

❹ 어떤 수를 9로 나누었더니 몫이 8이고 나머지가 7입니다.

나눗셈식 : _____   검산식 : _____

❺ 83을 어떤 수로 나누었더니 몫이 20이고 나머지가 3입니다.

나눗셈식 : _____   검산식 : _____

✚ 어떤 수는 얼마입니까?

어떤 수를 4로 나누었더니 몫이 8이고 나머지가 2입니다.

식 : $\square \div 4 = 8 \cdots 2$ 어떤 수 : 34

❶ 85를 어떤 수로 나누었더니 몫이 14이고 나머지가 1입니다.

식 : _____   어떤 수 : _____

❷ 어떤 수를 3으로 나누었더니 몫이 13이고 나머지가 2입니다.

식 : _____   어떤 수 : _____

❸ 72를 어떤 수로 나누었더니 몫이 12이고 나머지는 없습니다.

식 : _____   어떤 수 : _____

❹ 어떤 수를 3으로 나누었더니 몫이 12이고 나머지가 1입니다.

식 : _____   어떤 수 : _____

❺ 69를 어떤 수로 나누었더니 몫이 17이고 나머지가 1입니다.

식 : _____   어떤 수 : _____

나눗셈 문장제

❶ 문제에 맞게 식과 답을 쓰시오.

연필이 **75**자루 있습니다. 한 명에게 **4**자루씩 나누어 준다면 몇 명에게 똑같이 나누어 줄 수 있고, 몇 자루가 남습니까?

식 : $75 \div 4 = 18 \cdots 3$ 답 : __18__ 명, __3__ 자루

❶ 사과 **67**개를 한 접시에 **5**개씩 놓으려고 합니다. 사과는 모두 몇 접시가 되고, 몇 개가 남습니까?

식 : _____   답 : _____ 접시, _____ 개

❷ 채소 가게에 당근이 **77**개 있습니다. 당근을 **6**개씩 봉지에 담으면 담은 봉지는 몇 개이고, 남는 당근은 몇 개입니까?

식 : _____   답 : _____ 봉지, _____ 개

❸ 바나나 **90**개를 원숭이 **8**마리에게 똑같이 나누어 주려고 합니다. 원숭이 한 마리에게 몇 개씩 주고, 몇 개가 남습니까?

식 : _____   답 : _____ 개, _____ 개

❹ 색종이가 **75**장 있습니다. 미술 시간에 한 명이 **7**장씩 사용한다면 몇 명이 사용할 수 있고, 몇 장이 남습니까?

식 : _____   답 : _____ 명, _____ 장

◆ 식과 답을 쓰시오.

형철이가 하루에 **27**쪽씩 **3**일 동안 읽은 동화책을 다시 읽으려고 합니다. 하루에 **5**쪽씩 읽으면 모두 읽는데 며칠이 걸립니까?

식 : $27 \times 3 = 81, \ 81 \div 5 = 16 \cdots 1$ 답 : 17 일

❶ 배 **72**개와 감 **64**개가 있습니다. 배와 감을 **4**상자에 똑같이 나누어 담으려고 합니다. 한 상자에 담을 수 있는 배와 감은 각각 몇 개입니까?

식 : _____ 답 : 배 ____ 개, 감 ____ 개

❷ 파란색 구슬이 **19**개, 빨간색 구슬이 **38**개, 노란색 구슬이 **34**개 있습니다. 이 구슬을 **7**명이 똑같이 나누어 가진다면 한 명이 몇 개씩 가지게 됩니까?

식 : _____ 답 : ____ 개

❸ 장미가 한 다발에 **6**송이씩 **16**다발이 있습니다. 한 꽃병에 **8**송이씩 꽂는다면 꽃병은 몇 개가 필요합니까?

식 : _____ 답 : ____ 개

❹ 남학생 **22**명, 여학생 **16**명이 승합차 한 대에 **7**명씩 나누어 타고 도서관에 가려고 합니다. 승합차는 몇 대가 필요합니까?

식 : _____ 답 : ____ 대

잘 공부했는지 알아봅시다

1 계산에서 잘못된 곳을 찾아 바르게 계산하시오.

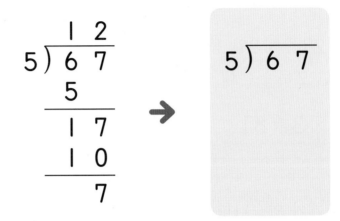

2 나눗셈에서 ⓛ이 **3**일 때, ⑦에 알맞은 수를 구하시오.

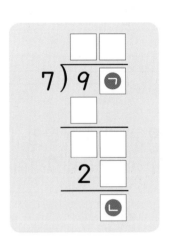

3 귤 **57**개를 한 접시에 **5**개씩 놓으려고 합니다. 귤은 모두 몇 접시가 되고, 몇 개가 남습니까?

식 : _____   답 : _____ 접시, _____ 개

4 어떤 수를 **6**으로 나누었더니 몫이 **13**이고 나머지가 **3**이 되었습니다. 어떤 수는 얼마입니까?

식 : _____   어떤 수 : _____

MEMO

MEMO

사고셈

정답 및 해설
Guide Book

초등3 3호

두 자리 수의 곱셈과 나눗셈

NE 능률

● □ 안에 알맞은 수를 써넣으시오.

21×3= [60] + [3]
= [63]

② 101×3= [300] + [3]
= [303]

④ 32×3= [90] + [6]
= [96]

⑥ 220×4= [800] + [80]
= [880]

⑧ 11×8= [80] + [8]
= [88]

① 121×3= [300] + [60] + [3]
= [363]

③ 231×3= [600] + [90] + [3]
= [693]

⑤ 423×2= [800] + [40] + [6]
= [846]

⑦ 212×4= [800] + [40] + [8]
= [848]

⑨ 111×9= [900] + [90] + [9]
= [999]

---

577 가로 곱셈

● 그림을 보고 □ 안에 알맞은 수를 써넣으시오.

❶ 230×3= [600] + [90] = [690]
　　　　 200×3　 30×3　 600+90

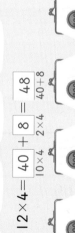

❷ 12×4= [40] + [8] = [48]
　　　 10×4　2×4　 40+8

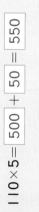

❸ 110×5= [500] + [50] = [550]

320×3= [900] + [60] = [960]

P.08 ● P.09

1 주차

1 주차

578 두 세로셈

● 두 가지 방법으로 세로셈을 한 것입니다. □ 안에 알맞은 수를 써넣으시오.

일의 자리 숫자 6과 4
의 곱을 쓸 때, 십의 자
리로 올림하는 2를 기
억할 수 있도록 십의 자
리 숫자 3 위에 씁니다.

6×4
30×4
$24 + 120$

```
      3 6            2
  ×   4        3 6
  2 4      ×   1 4
1 2 0        1 4 4
1 4 4
```

①
```
      2 7            4
  ×   6        2 7
  4 2      ×   6
1 2 0        1 6 2
1 6 2
```

일의 자리 숫자 7과 6
의 곱을 쓸 때, 십의 자
리로 올림하는 4를 기
억할 수 있도록 십의 자
리 숫자 2 위에 씁니다.

②
```
      6 1 8          3
  ×   4        6 1 8
  3 2      ×   4
  4 0        2 4 7 2
2 4 0 0
2 4 7 2
```

③
```
      2 4 1          1
  ×   3        2 4 1
    3      ×   3
1 2 0        7 2 3
6 0 0
7 2 3
```

● 보기와 같이 두 가지 방법으로 계산하시오.

일의 자리 수끼리 곱이 ⊕ 보기와 같이 두 가지 방법으로 계산하시오.
10을 넘는 경우, 넘는
수만큼 십의 자리로 올
림합니다.

보기
```
      3 2          1 7 4
  1 7 4      ×   5
  ×   5        8 7 0
  2 0
3 5 0
5 0 0
8 7 0
```

①
```
      3 2          1 6 4
  1 6 4      ×   6
  ×   6        9 8 4
  2 4
3 6 0
6 0 0
9 8 4
```

②
```
      3            1 9
  1 9      ×   4
  ×   4        7 6
  3 6
  4 0
  7 6
```

③
```
      2            8 3
  8 3      ×   7
  ×   7        5 8 1
  2 1
5 6 0
5 8 1
```

④
```
      5            2 0 7
  2 0 7      ×   8
  ×   8        1 6 5 6
  5 6
1 6 0 0
1 6 5 6
```

⑤
```
      1            9 3 0
  9 3 0      ×   4
  ×   4        3 7 2 0
  0
1 2 0
3 6 0 0
3 7 2 0
```

579   하우스

곱셈을 하여 빈칸에 알맞은 수를 써넣으시오.

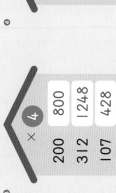

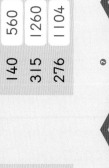

월 일

○ 안의 수를 먼저 구합니다.

● 빈칸에 알맞은 수를 써넣으시오.

① 주차

580 숫자 카드 목표수

● 숫자 카드를 모두 한 번씩 사용하여 곱셈식을 완성하시오.

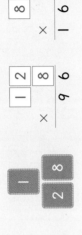

세 수 중에서 곱이 일의 자리 숫자가 8인 두 수를 찾아 ⊙, ⓒ에 넣습니다.

14

● 곱셈식에 맞게 왼쪽 숫자 카드를 한 번씩 세넣으시오.

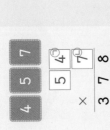

사고셈 ● 15

잘 공부했는지 알아봅시다

1 덧셈식을 곱셈식으로 나타내고 답을 구하시오.

$$127+127+127+127+127+127+127$$

식 : $127 \times 7 = 889$ 답 : 889

2 계산 결과가 다른 하나를 찾아 ○표 하시오.

81×8   162×4   ⟨62×9⟩   216×3
648   648   558   648

3 ○안에 >, =, <를 알맞게 써넣으시오.

- 72×6 $<$ 72×8
  432   576
- 64×8 $>$ 59×8
  512   472
- 37×9 $=$ 111×3
  333   333
- 125×5 $<$ 75×9
  625   675

4 계산 결과에 맞게 세 장의 숫자 카드를 한 번씩 사용하여 곱셈식을 만들어 보시오.

3 4 7

→

3 ⑦
× ④
1 4 8

세 수 중에서 곱의 일의 자리 숫자가 8인 두 수를 찾아 ⊙, ⓒ에 넣습니다.

1 주차

② 주차

581 지우기

● 숫자를 하나씩 차례로 지우고 곱셈을 하시오.

63 × 41

6̸3 × 41 = 123	3×41
6̸3 × 41 = 246	6×41
63 × 4̸1 = 63	63×1
63 × 4̸1̸ = 252	63×4

52 × 34

5̸2 × 34 = 68	2×34
5̸2 × 34 = 170	5×34
52 × 3̸4 = 208	52×4
52 × 3̸4̸ = 156	52×3

36 × 25

3̸6 × 25 = 150
3̸6 × 25 = 75
36 × 2̸5 = 180
36 × 2̸5 = 72

47 × 28

4̸7 × 28 = 196
4̸7 × 28 = 112
47 × 2̸8 = 376
47 × 2̸8 = 94

62 × 37

6̸2 × 37 = 74
6̸2 × 37 = 222
62 × 3̸7 = 434
62 × 3̸7 = 186

53 × 49

5̸3 × 49 = 147
5̸3 × 49 = 245
53 × 4̸9 = 477
53 × 4̸9 = 212

월 일

● 숫자 하나를 지워 올바른 곱셈식을 만드시오.

52 × 3̸2 = 104	→	52 × 2 = 104
❶ 4̸8 × 72 = 288	↑	4 × 72 = 288
❷ 2̸9 × 13 = 117	↑	9 × 13 = 117
❸ 92 × 5̸8 = 460	↑	92 × 5 = 460
❹ 63 × 3̸8 = 189	↑	63 × 3 = 189
❺ 24 × 5̸4 = 96	↑	24 × 4 = 96
❻ 8̸5 × 67 = 335	↑	5 × 67 = 335
❼ 3̸9 × 42 = 126	↑	3 × 42 = 126

582 벌레 먹은 셈

● 지워진 수를 구하시오.

```
    7 4 2
  ×     6
  -------
  4 4 5 2
```

①
```
    3 6
  ×    3
  ------
  1 0 8
```

②
```
    6 1 2
  ×     6
  -------
  3 6 7 2
```

③
```
    2 7 3
  ×     3
  -------
    8 1 9
```

④
```
    9 1
  ×   7
  ------
  6 3 7
```

⑤
```
    3 0 2
  ×     8
  -------
  2 4 1 6
```

⑥
```
    1 4
  ×   6
  ------
  6 8 4
```

⑦
```
    8 2
  ×   7
  ------
  5 7 4
```

⑧
```
    4 3 2
  ×     5
  -------
  2 1 6 0
```

⑨
```
    5 7 2
  ×     9
  -------
  5 1 4 8
```

⑩
```
    2 7
  ×   9
  ------
  2 4 3
```

⑪
```
    2 5 5
  ×     3
  -------
    7 6 5
```

● ★과 ●에 알맞은 수를 구하시오.

```
    ★ 1 7
  ×     ●
  -------
    6 5 1
```
    ★ = 2
    ● = 3

예시:
```
    2 1 7
  ×     3
  -------
    6 5 1
```

②
```
    ★ 2
  ×   ●
  ------
  1 5 6
```
    ★ = 3
    ● = 5

④
```
    6 ●
  ×   ★
  ------
  3 9 2
```
    ★ = 5
    ● = 7

⑥
```
    9 ●
  ×   ★
  ------
  1 9 5
```
    ★ = 3
    ● = 5

①
```
    4 3
  × ★ ●
  -------
  2 8 9 8
```
    ★ = 8
    ● = 6

③
```
    ★ 1 4
  ×     ●
  -------
  1 2 4 2
```
    ★ = 4
    ● = 3

⑤
```
    ★ 2
  × ● 2
  -------
  1 0 8 8
```
    ★ = 4
    ● = 7

⑦
```
    ★ 7
  × ● 4
  -------
  4 3 8 3
```
    ★ = 9
    ● = 8

② 주차

P. 22 ● P. 23

583 큰 곱 작은 곱

● 숫자 카드를 한 번씩 사용하여 곱셈식을 만든 것입니다. 가장 큰 곱에 ○표, 가장 작은 곱에 △표 하시오.

2	5			5	4			4	2
×		4		×		2		×	5
1	0	0		1	0	8		9	0

4	2			2	4			5	2
×		5		×		5		×	4
2	1	0		1	2	0		2	0	8

2 4 5

2	8			8	3			8	2
×		3		×		2		×	3
	8	4		1	6	6			7	6

3	2			2	3			8	2
×		8		×		8		×	3
2	5	6		1	8	4		2	4	6

2 3 8

● 숫자 카드를 한 번씩 사용하여 곱이 가장 큰 경우와 곱이 가장 작은 경우의 (두 자리 수) × (한 자리 수)의 곱셈식을 만들고 값을 구하시오.

곱이 가장 큰 경우	곱이 가장 작은 경우
6 2 × 8 4 9 6	6 8 × 2 1 3 6

2 6
8

❶

곱이 가장 큰 경우	곱이 가장 작은 경우
5 2 × 7 3 6 4	5 7 × 2 1 1 4

2 5
7

❷

곱이 가장 큰 경우	곱이 가장 작은 경우
4 3 × 9 3 8 7	4 9 × 3 1 4 7

3 4
9

● 곱이 가장 큰 곱셈식을 만들 때에는 큰 수부터 차례로 ㉢, ㉠, ㉡의 자리에 놓습니다.
곱이 가장 작은 곱셈식을 만들 때에는 작은 수부터 차례로 ㉢, ㉠, ㉡의 자리에 놓습니다.

㉠ ㉡
×　㉢

22

사고셈 ● 23

584 곱셈 네모

P.24

● □ 안에 들어갈 수 있는 수에 모두 ○표 하시오.

86 × [ ] < 240
86 × ① < 240
86 × ② < 240
86 × 3 > 240

① ② ③ 4 5

❷ 35 × [ ] > 170
35 × 4 < 170
35 × ⑤ > 170
35 × ⑥ > 170

2 3 4 ⑤ ⑥

❸ 68 × [ ] < 380
④ ⑤ 6 7 8

❹ 50 × [ ] < 221
③ ④ 5 6 7

❺ 127 × [ ] < 530
② ③ ④ 5 6

❻ 230 × [ ] > 853
1 2 3 ④ ⑤

❼ 320 × [ ] > 991
1 2 3 ④ ⑤

❽ 182 × [ ] < 690
② ③ 4 5 6

❾ 593 × [ ] < 3000
③ ④ ⑤ 6 7

❿ 711 × [ ] > 4500
5 6 ⑦ ⑧ ⑨

P.25

❖ □ 안에 들어갈 수 있는 수 중에서 가장 큰 수를 쓰시오.

36 × [2] < 80
36 × ② < 80
36 × 3 > 80

❷ 71 × [4] < 350
71 × ④ < 350
71 × 5 > 350

❸ 54 × [8] < 440
54 × ⑧ < 440
54 × 9 > 440

❺ 65 × [5] < 330

❻ 42 × [3] < 140

❼ 28 × [7] < 210

❽ 311 × [3] < 1000

❾ 390 × [6] < 2500

❖ □ 안에 들어갈 수 있는 수 중에서 가장 작은 수를 쓰시오.

27 × [2] > 52
27 × 1 < 52
27 × ② > 52

❾ 53 × [4] > 170
53 × 3 < 170
53 × ④ > 170

❿ 62 × [7] > 410
62 × 6 < 410
62 × ⑦ > 410

⓫ 72 × [3] > 200

❿ 83 × [4] > 300

⓬ 38 × [5] > 180

⓭ 46 × [6] > 250

⓮ 24 × [2] > 30

⓯ 59 × [5] > 250

⓰ 310 × [3] > 712

⓱ 621 × [4] > 1900

② 주차

잘 공부했는지 알아봅시다

월 일

1 □ 안에 알맞은 수를 써넣으시오.

❶
```
    5 2
  ×   3
  ─────
  1 5 6
```

❷
```
    6 5
  ×   7
  ─────
  4 5 5
```

2 곱셈식에서 ★과 ♥에 알맞은 수를 구하시오.

```
  ★ 1 7
  ×   ♥
  ─────
  1 3 0 2
```

★ = 2   ♥ = 6

```
    2 1 7
  ×     6
  ───────
  1 3 0 2
```

3 세 장의 숫자 카드를 한 번씩만 사용하여 곱이 가장 큰 곱셈식을 만드시오.

3   6   4

곱이 가장 큰 곱셈식을 만들 때에는 큰 수부터 차례로 ⓒ, ㉠, ㉡의 자리에 놓습니다.

```
    4㉠ 3㉡
  ×     6ⓒ
  ───────
  2 5 8
```

4 □ 안에 들어갈 수 있는 자연수는 모두 몇 개입니까?   3개

$$2 \times 500 < 265 \times \square < 3 \times 600$$

1000   1800

$$1000 < 265 \times \square < 1800$$

$265 \times 4 = 1060$, $265 \times 5 = 1325$, $265 \times 6 = 1590$
이므로 □ 안에는 4, 5, 6 세 개의 자연수가 들어갈 수 있습니다.

26

585 두 자리 세로셈

□ 안에 알맞은 수를 써넣으시오.

(두 자리 수)×(두 자리 수)의 계산은 (두 자리 수)×(몇)과 (두 자리 수)×(몇십)을 따로 구하여 더한 값입니다.

세로셈으로 고쳐 곱셈을 하시오.

```
        1 2
      ×   7 3
    ─────────
      3 6      12×3
    8 4        12×70
    ─────────
    8 7 6
```

①
```
        3 2
      ×   4 3
    ─────────
      9 6      32×3
    1 2 8      32×40
    ─────────
    1 3 7 6
```

②
```
        2 6
      ×   6 4
    ─────────
      1 0 4
    1 5 6
    ─────────
    1 6 6 4
```

③
```
        6 3
      ×   2 5
    ─────────
      3 1 5
    1 2 6
    ─────────
    1 5 7 5
```

④
```
        3 2
      ×   1 4
    ─────────
      1 2 8
      3 2
    ─────────
      4 4 8
```

⑤
```
        1 4
      ×   2 6
    ─────────
      8 4
    2 8
    ─────────
    3 6 4
```

⑥
```
        6 7
      ×   3 9
    ─────────
      6 0 3
    2 0 1
    ─────────
    2 6 1 3
```

⑦
```
        1 6
      ×   3 4
    ─────────
      6 4
    4 8
    ─────────
    5 4 4
```

⑧
```
        3 6
      ×   2 5
    ─────────
      1 8 0
      7 2
    ─────────
      9 0 0
```

25×63= 1575
```
        2 5
      ×   6 3
    ─────────
      7 5      25×3
    1 5 0      25×60
    ─────────
    1 5 7 5
```

① 19×75= 1425
```
        1 9
      ×   7 5
    ─────────
      9 5
    1 3 3
    ─────────
    1 4 2 5
```

② 62×24= 1488
```
        6 2
      ×   2 4
    ─────────
      2 4 8
    1 2 4
    ─────────
    1 4 8 8
```

③ 17×53= 901
```
        1 7
      ×   5 3
    ─────────
      5 1
    8 5
    ─────────
    9 0 1
```

④ 92×17= 1564
```
        9 2
      ×   1 7
    ─────────
      6 4 4
    9 2
    ─────────
    1 5 6 4
```

⑤ 48×21= 1008
```
        4 8
      ×   2 1
    ─────────
      4 8
    9 6
    ─────────
    1 0 0 8
```

③ 주차

586   어림하기

● 곱셈 결과를 어림하여 ○표 하고, 계산 값과 어림한 값의 차를 구하시오. 단, 두 값의 차가 100보다 작게 어림합니다.

어림한 값	계산 값	차
273×6	(1600) 1400	$2\ 7\ 3$ $\times\qquad 6$ $\overline{1\ 6\ 3\ 8}$	1638−1600 =38

1400으로 어림한 경우 1638−1400=238 입니다. 계산 값과의 차가 100보다 크므로 1600으로 어림합니다.

어림한 값	계산 값	차
314×5	(1600) 1800	$3\ 1\ 4$ $\times\qquad 5$ $\overline{1\ 5\ 7\ 0}$	1600−1570 =30

어림한 값	계산 값	차
438×4	1600 (1800)	$4\ 3\ 8$ $\times\qquad 4$ $\overline{1\ 7\ 5\ 2}$	1800−1752 =48

● 곱셈 결과를 어림하여 ○표 하고, 계산 값과 어림한 값의 차를 구하시오. 단, 두 값의 차를 구하시오. 단, 두 값의 차가 100보다 작게 어림합니다.

학생들은 숫자만 보고 곱셈을 하는 경우가 많습니다. 곱셈을 계산하기 전에 곱이 얼마나 될지 어림한 뒤 계산 결과와 비교해 보는 연습을 하면 큰 수를 계산할 때 도움이 됩니다.

● 곱셈 결과를 몇백 또는 몇천으로 어림하고, 계산 값과 어림한 값의 차를 구하시오. 단, 두 값의 차가 100보다 작게 어림합니다.

어림한 값	계산 값	차
21×38	800 / 700	$\qquad 2\ 1$ $\times\quad 3\ 8$ $\overline{\quad 1\ 6\ 8}$ $\underline{6\ 3}$ $\overline{7\ 9\ 8}$	800−798 =2 / 798−700=98

어림한 값	계산 값	차
46×65	3000	$\qquad 4\ 6$ $\times\quad 6\ 5$ $\overline{\quad 2\ 3\ 0}$ $\underline{2\ 7\ 6}$ $\overline{2\ 9\ 9\ 0}$	3000−2990 =10

어림한 값	계산 값	차
35×27	900 또는 1000	$\qquad 3\ 5$ $\times\quad 2\ 7$ $\overline{\quad 2\ 4\ 5}$ $\underline{7\ 0}$ $\overline{9\ 4\ 5}$	945−900 =45 또는 1000−945 =55

587 격자 곱셈

● □ 안에 가로, 세로에 쓰인 수의 곱을 써넣고 ↙방향으로 합을 구하여 곱셈을 하시오.

$54 \times 3 = \boxed{162}$

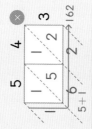

① $73 \times 5 = \boxed{365}$

③ $28 \times 6 = \boxed{168}$

⑤ $56 \times 7 = \boxed{392}$

② $32 \times 4 = \boxed{128}$

④ $89 \times 3 = \boxed{267}$

격자 곱셈은 세로 곱셈과 원리가 같으며 사선으로 배열해 수를 더하는 방식입니다.

① 가로, 세로에 쓰인 두 수의 곱을 □ 안에 씁니다.

② 사선으로 놓인 한 줄에 두 인 수가 2개 이상인 경우 사각형 밖에 합을 쓰고, 해당 사각형 밖에 수를 쓰고, 인 수가 하나인 경우 그 수를 그대로 씁니다.

③ 사각형 밖에 놓인 수들을 왼쪽부터 차례로 쓴 수가 곱셈식의 결과입니다.

● □ 안에 가로, 세로에 쓰인 수의 곱을 써넣고 ↙방향으로 합을 구하여 곱셈을 하시오.

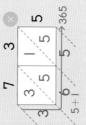

$54 \times 36 = \boxed{1944}$

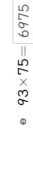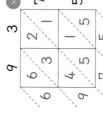

① $65 \times 43 = \boxed{2795}$

② $35 \times 82 = \boxed{2870}$

③ $93 \times 75 = \boxed{6975}$

③ 주차

588 숫자 카드 조건

● 숫자 카드를 한 번씩만 사용하여 곱셈식을 만듭니다. □ 안에 알맞은 수를 써넣으시오.

① 숫자 카드: 5 4 2 7

가장 큰 두 자리 수는 75 입니다.
가장 작은 두 자리 수는 24 입니다.
가장 큰 두 자리 수와 가장 작은 두 자리 수의 곱은 1800 입니다.

75 × 24 = 1800 입니다.

② 숫자 카드: 3 5 0 8

가장 작은 세 자리 수는 305 입니다.
나머지 한 자리 수는 8 입니다.
가장 작은 세 자리 수와 나머지 한 자리 수의 곱은 2440 입니다.

305 × 8 = 2440 입니다.

③ 숫자 카드: 7 2 6 1

가장 큰 두 자리 수는 76 입니다.
가장 작은 두 자리 수는 12 입니다.
가장 큰 두 자리 수와 가장 작은 두 자리 수의 곱은 912 입니다.

76 × 12 = 912 입니다.

월 일

● 숫자 카드를 한 번씩 사용하여 조건에 맞는 곱셈식을 만들고 값을 구하시오.

① 숫자 카드: 5 8 6 2

조건: 가장 큰 두 자리 수와 가장 작은 두 자리 수의 곱

$$\begin{array}{r} 8\,6 \\ \times\ 2\,5 \\ \hline 4\,3\,0 \\ 1\,7\,2\ \ \\ \hline 2\,1\,5\,0 \end{array}$$

② 숫자 카드: 3 5 9 7

조건: 가장 큰 두 자리 수와 가장 작은 두 자리 수의 곱

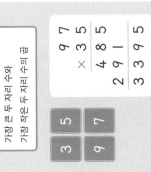

$$\begin{array}{r} 9\,7 \\ \times\ 3\,5 \\ \hline 4\,8\,5 \\ 2\,9\,1\ \ \\ \hline 3\,3\,9\,5 \end{array}$$

③ 숫자 카드: 4 8 0 2

조건: 가장 작은 세 자리 수와 나머지 한 자리 수의 곱

$$\begin{array}{r} 2\,0\,4 \\ \times\ \ \ \ 8 \\ \hline 1\,6\,3\,2 \end{array}$$

④ 숫자 카드: 4 6 7 3

조건: 가장 큰 세 자리 수와 나머지 한 자리 수의 곱

$$\begin{array}{r} 7\,6\,4 \\ \times\ \ \ \ 3 \\ \hline 1\,2 \\ 1\,8\ \ \\ 2\,1\ \ \ \ \\ \hline 2\,2\,9\,2 \end{array}$$

③ 주차

잘 공부했는지 알아봅시다

1 계산 결과가 다른 하나를 찾아 ○표 하시오.

27×24 54×12 18×36 $\boxed{42 \times 14}$
648   648   648   588

2 다음 두 수의 합과 차를 구하고, 구한 합과 차의 곱을 구하시오.

$$35 \qquad 56$$

두 수의 합 : $\underline{91}$ 두 수의 차 : $\underline{21}$ 합과 차의 곱 : $\underline{1911}$
56+35   56−35   91×21

3 네 장의 숫자 카드를 한 번씩만 사용하여 두 자리 수를 만들 때, 가장 큰 두 자리 수와 가장 작은 두 자리 수의 곱을 구하시오. **2001**

$$\boxed{2} \quad \boxed{7} \quad \boxed{3} \quad \boxed{8}$$

가장 큰 두 자리 수 : 87   가장 작은 두 자리 수 : 23
87×23=2001

4 ☐ 안에 들어갈 수 있는 자연수 중에서 가장 큰 수를 구하시오. **6**

$$\boxed{}3 \times 15 < 1000$$

63×15=945, 73×15＝1095이므로 ☐ 안에 들어갈 수
있는 가장 큰 수는 6입니다.

P. 38 ● P. 39

④ 주차

589 가우스 덧셈

● 덧셈을 곱셈으로 고쳐서 계산하시오.

연속된 수의 개수가 홀수 개일 때
(수의 합)=(중앙수)×(수의 개수)입니다.
연속된 수의 개수가 짝수 개일 때
(수의 합)=((첫 수)+(끝 수))×(수의 개수)÷2입니다.

중앙수
$13+14+15+\underset{16+16}{\underbrace{16+17+18+19}}=16\times7=112$

$$8+9+10+11+12+13+14+15=23\times\underset{\text{(수의 개수)}\div2}{4}=92$$
(첫수+끝수)

$$22+23+24+25+26=24\times5=120$$
24+24
24+24

$$17+18+19+20+21+22=39\times3=117$$
39
39
39

$$35+36+37+38+39+40+41=38\times7=266$$
38+38
38+38
38+38

● 다음 수를 모두 쓰고 곱셈식을 이용하여 수의 합을 구하시오.

25+25
25+25
25+25
21보다 크고 29보다 작은 수
$$22+23+24+25+26+27+28$$
$$=25\times7=175$$

❶ 15보다 크고 20보다 작은 수
16+19
17+18
$$16+17+18+19=35\times2=70$$

❷ 12에서 18까지의 수
$$12+13+14+15+16+17+18$$
$$=15\times7=105$$

❸ 12보다 크고 28보다 작은 홀수
$$13+15+17+19+21+23+25+27$$
$$=40\times4=160$$

❹ 12보다 크고 28보다 작은 짝수
$$14+16+18+20+22+24+26$$
$$=20\times7=140$$

590 잘못된 계산

● 잘못 계산된 것을 찾아 ×표 하시오.

$$
\begin{array}{r}
96 \\
\times\ 6 \\
\hline
36 \\
54 \\
\hline
576
\end{array}
$$

$$
\begin{array}{r}
27 \\
\times\ 8 \\
\hline
56 \\
16 \\
\hline
72
\end{array}
$$

$$
\begin{array}{r}
83 \\
\times\ 20 \\
\hline
66 \\
\hline
16\ 6
\end{array}
$$

$$
\begin{array}{r}
90 \\
\times\ 18 \\
\hline
720 \\
90 \\
\hline
1620
\end{array}
$$

83×20은 83×2의 계산 결과에 '0'을 붙여야 합니다.

$$
\begin{array}{r}
31 \\
\times\ 6 \\
\hline
6 \\
18 \\
\hline
186
\end{array}
$$

$$
\begin{array}{r}
94 \\
\times\ 9 \\
\hline
36\ \\
81\ \\
\hline
117
\end{array}
$$

$$
\begin{array}{r}
159 \\
\times\ 8 \\
\hline
72 \\
40 \\
8 \\
\hline
912
\end{array}
$$

$$
\begin{array}{r}
48 \\
\times\ 25 \\
\hline
240 \\
96 \\
\hline
1200
\end{array}
$$

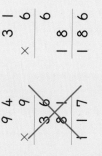

$$
\begin{array}{r}
207 \\
\times\ 6 \\
\hline
42 \\
12 \\
\hline
162
\end{array}
$$

$$
\begin{array}{r}
86 \\
\times\ 25 \\
\hline
430 \\
172 \\
\hline
2150
\end{array}
$$

$$
\begin{array}{r}
64 \\
\times\ 9 \\
\hline
36 \\
54 \\
\hline
576
\end{array}
$$

$$
\begin{array}{r}
35 \\
\times\ 67 \\
\hline
245 \\
21 \\
\hline
455
\end{array}
$$

2×8은 실제로 20×80으로 계산 결과를 자리값의 위치에 맞게 써서 계산해야 합니다.

계산 결과가 자리값의 위치에 맞게 쓰여졌는지, 받아올림한 수를 더했는지 등을 생각하며 잘못 계산식을 찾습니다.

● 잘못 계산한 곳을 찾아 바르게 고치시오.

$$
\begin{array}{r}
76 \\
\times\ 41 \\
\hline
76 \\
304 \\
\hline
3116
\end{array}
\quad\Rightarrow\quad
\begin{array}{r}
76 \\
\times\ 41 \\
\hline
76 \\
304 \\
\hline
3116
\end{array}
$$

$$
\begin{array}{r}
56 \\
\times\ 8 \\
\hline
48 \\
40 \\
\hline
88
\end{array}
\quad\Rightarrow\quad
\begin{array}{r}
56 \\
\times\ 8 \\
\hline
48 \\
40 \\
\hline
448
\end{array}
$$

76×4는 실제로 76×400이므로 계산 결과를 자리값의 위치에 맞게 써서 계산해야 합니다.

$$
\begin{array}{r}
153 \\
\times\ 9 \\
\hline
27 \\
45 \\
9 \\
\hline
972
\end{array}
\quad\Rightarrow\quad
\begin{array}{r}
153 \\
\times\ 9 \\
\hline
27 \\
45 \\
9 \\
\hline
1377
\end{array}
$$

$$
\begin{array}{r}
76 \\
\times\ 39 \\
\hline
684 \\
228 \\
\hline
912
\end{array}
\quad\Rightarrow\quad
\begin{array}{r}
76 \\
\times\ 39 \\
\hline
684 \\
228 \\
\hline
2964
\end{array}
$$

$$
\begin{array}{r}
59 \\
\times\ 53 \\
\hline
177 \\
295 \\
\hline
3127
\end{array}
\quad\Rightarrow\quad
\begin{array}{r}
59 \\
\times\ 53 \\
\hline
177 \\
25 \\
\hline
2677
\end{array}
$$

$$
\begin{array}{r}
502 \\
\times\ 8 \\
\hline
16 \\
40 \\
\hline
416
\end{array}
\quad\Rightarrow\quad
\begin{array}{r}
502 \\
\times\ 8 \\
\hline
16 \\
40 \\
\hline
4016
\end{array}
$$

④ 주차

591 곱셈 문장제

● 문제에 맞게 식의 □ 안에 알맞은 수를 써넣으시오.

세호네 농장에는 토끼가 24마리 있습니다. 토끼의 다리는 모두 몇 개입니까?

식: 24 × 4 = 96 (개)   답: 96 개

❶ 지은이네 마을에는 빨개 생을 가진 사람이 126명이고 검게 생을 가진 사람은 빨개 생의 4배입니다. 검게 생을 가진 사람은 모두 몇 명입니까?

식: 126 × 4 = 504 (명)   답: 504 명

❷ 명지네 학교 3학년은 12반까지 있습니다. 한 반의 학생이 28명일 때, 명지네 학교 3학년 학생은 모두 몇 명입니까?

식: 12 × 28 = 336 (명)   답: 336 명

❸ 마을버스의 초등학생 요금은 450원입니다. 6명의 초등학생이 마을버스를 타려면 요금을 내야 합니까?

식: 450 × 6 = 2700 (원)   답: 2700 원

❹ 학생 한 명당 18개의 사탕을 나누어 주려고 합니다. 학생이 모두 23명일 때, 사탕은 모두 몇 개가 필요합니까?

식: 18 × 23 = 414 (개)   답: 414 개

● 식과 답을 쓰시오.

시준이는 매일 34쪽씩 책을 읽습니다. 시준이가 2주일 동안 읽은 책은 모두 몇 쪽입니까?

식: 2 × 7 = 14, 34 × 14 = 476 (쪽)   답: 476 쪽

❶ 수현이네 3학년 여학생의 수는 138명이고, 3학년 남학생의 수는 3학년 여학생 수의 2배입니다. 4학년의 학생 수는 3학년의 학생 수의 4배일 때, 4학년 학생의 수는 몇 명입니까?

식: 138 × 2 = 276, 276 × 4 = 1104 (명)   답: 1104 명

❷ 미니 열차에는 총 5칸이 있습니다. 한 칸에 25명이 탈 수 있다고 할 때, 미니 열차 8대에 탈 수 있는 사람은 모두 몇 명입니까?

식: 5 × 25 = 125, 125 × 8 = 1000 (명)   답: 1000 명

❸ 우미네 학교 3학년은 9반까지 있습니다. 한 반의 학생이 32명이고 학생 한 명당 공책을 8권씩 줄 때, 필요한 공책은 모두 몇 권입니까?

식: 9 × 32 = 288, 288 × 8 = 2304 (권)   답: 2304 권

❹ 어느 공장에서는 하루에 230대씩 자동차를 생산합니다. 자동차 한 대에는 4개의 타이어가 필요합니다. 이 공장에서 7일 동안 생산하는 자동차에 필요한 타이어는 모두 몇 개입니까?

식: 230 × 4 = 920, 920 × 7 = 6440 (개)   답: 6440 개

592 바르게 계산하기

● 같은 모양은 같은 수를 나타냅니다. ☐ 안에 알맞은 수를 써넣으시오.

●+63=100
●×63= [2331]
●=100-63=37
37×63= [2331]

① 214-▲=208
214×▲= [1284]
▲=214-208=6
214×6= [1284]

③ 100-♣=96
804×♣= [3216]

④ 90-♥=83
213×♥= [1491]

⑤ ♠-18=6
♠×89= [2136]

⑥ ★+52=66
★×52= [728]

⑦ 31+◆=57
68×◆= [1768]

⑨ 99-◉=72
34×◉= [918]

⑧ ◇+67=71
◇×275= [1100]

● ☐를 사용한 식으로 나타내고 바르게 계산하시오.

✚ 어떤 수에 27을 곱해야 할 것을 잘못하여 더했더니 85가 되었습니다. 바르게 계산한 값을 구하시오.

덧셈식 : ☐+27=85
어떤 수 : ☐=85-27=58
바른 계산 : 58×27=1566

❶ 어떤 수에 8을 곱해야 할 것을 잘못하여 빼었더니 215가 되었습니다. 바르게 계산한 값을 구하시오.

뺄셈식 : ☐-8=215
어떤 수 : ☐=215+8=223
바른 계산 : 223×8=1784

❷ 어떤 수에 55를 곱해야 할 것을 잘못하여 더했더니 94가 되었습니다. 바르게 계산한 값을 구하시오.

덧셈식 : ☐+55=94
어떤 수 : ☐=94-55=39
바른 계산 : 39×55=2145

❸ 어떤 수에 6을 곱해야 할 것을 잘못하여 더했더니 494가 되었습니다. 바르게 계산한 값을 구하시오.

덧셈식 : ☐+6=494
어떤 수 : ☐=494-6=488
바른 계산 : 488×6=2928

④ 주차

잘 공부했는지 알아봅시다

1 다음을 계산하시오. 1275

$$1+2+3+\cdots+48+49+50$$

1부터 50까지 연속된 수의 개수가 50개이므로,
수의 합을 곱셈식을 이용하여 계산하면,
(수의 합)=(첫 수+끝 수)×(수의 개수)÷2
=(1+50)×50÷2=1275

2 소희네 학교의 전체 학생은 512명입니다. 한 명에게 공책을 4권씩 나누어 주려면 필요한 공책은 모두 몇 권입니까?

식 :   512×4=2048(권)   답 : **2048** 권

3 어떤 수에 32를 곱해야 할 것을 잘못하여 더했더니 67이 되었습니다. 바르게 계산한 값을 구하시오.

식 : □+32=67, □=35, 35×32=1120   답 : **1120**

4 봉투를 사는데 내야하는 돈을 먼저 구한 다음, 구한 금액을 3000원에서 빼서 거스름돈을 구합니다.

형철이는 70원짜리 편지 봉투 15장을 사고 3000원을 냈습니다. 형철이가 받아야 할 거스름돈은 얼마입니까?

식 : 70×15=1050, 3000−1050=1950(원)   답 : **1950** 원

593 동전 나누기

● 그림을 보고 □ 안에 알맞은 수를 써넣으시오.

$84 \div 4 = 21$

$96 \div 3 = 32$

$69 \div 3 = 23$

$86 \div 2 = 43$

$68 \div 2 = 34$

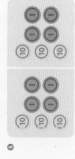

$48 \div 4 = 12$

● 나누는 수만큼 묶음의 수가 되도록 동전을 나누고, □ 안에 알맞은 수를 써넣으시오. 단, 금액이 모두 같도록 나누어야 합니다.

①

$80 \div 4 = 20$

나누는 수가 4이므로 80원을 4묶음으로 나누어 줍니다.

②

$63 \div 3 = 21$
(나눌 수)÷(나누는 수)=(몫)
나누는 수가 3이므로 63원을 3묶음으로 나누어 줍니다.

③

$55 \div 5 = 11$

④

$46 \div 2 = 23$

⑤

$66 \div 6 = 11$

⑥

$99 \div 3 = 33$

⑤ 주차

P. 50 ● P. 51

594 나머지 없는 세로셈

● □ 안에 알맞은 수를 써넣으시오.

①
$$
\begin{array}{r}
2\ 6 \\
2\overline{)5\ 2} \\
4 \quad \leftarrow 2\times20 \\
\overline{1\ 2} \quad \leftarrow 52-40 \\
1\ 2 \quad \leftarrow 2\times6 \\
\overline{0} \quad \leftarrow 12-12
\end{array}
$$

②
$$
\begin{array}{r}
3\ 2 \\
3\overline{)9\ 6} \\
9 \quad \leftarrow 3\times30 \\
\overline{6} \quad \leftarrow 96-90 \\
6 \quad \leftarrow 3\times2 \\
\overline{0} \quad \leftarrow 6-6
\end{array}
$$

③
$$
\begin{array}{r}
2\ 3 \\
3\overline{)6\ 9} \\
6 \\
\overline{9} \\
9 \\
\overline{0}
\end{array}
$$

④
$$
\begin{array}{r}
1\ 8 \\
4\overline{)7\ 2} \\
4 \\
\overline{3\ 2} \\
3\ 2 \\
\overline{0}
\end{array}
$$

⑤
$$
\begin{array}{r}
2\ 3 \\
4\overline{)9\ 2} \\
8 \\
\overline{1\ 2} \\
1\ 2 \\
\overline{0}
\end{array}
$$

⑥
$$
\begin{array}{r}
1\ 2 \\
8\overline{)9\ 6} \\
8 \\
\overline{1\ 6} \\
1\ 6 \\
\overline{0}
\end{array}
$$

⑦
$$
\begin{array}{r}
1\ 9 \\
5\overline{)9\ 5} \\
5 \\
\overline{4\ 5} \\
4\ 5 \\
\overline{0}
\end{array}
$$

⑧
$$
\begin{array}{r}
1\ 2 \\
7\overline{)8\ 4} \\
7 \\
\overline{1\ 4} \\
1\ 4 \\
\overline{0}
\end{array}
$$

나머지가 없는 나눗셈에
서는 나머지가 '0'이라
고 말할 수 있습니다.
나머지가 '0'일 때, '나누
어떨어진다'고 합니다.

◆ 세로셈으로 고쳐 다음 나눗셈을 하시오.

◎ 84÷4

$$
\begin{array}{r}
2\ 1 \\
4\overline{)8\ 4} \\
8 \\
\overline{4} \\
4 \\
\overline{0}
\end{array}
$$

① 65÷5

$$
\begin{array}{r}
1\ 3 \\
5\overline{)6\ 5} \\
5 \\
\overline{1\ 5} \\
1\ 5 \\
\overline{0}
\end{array}
$$

② 93÷3

$$
\begin{array}{r}
3\ 1 \\
3\overline{)9\ 3} \\
9 \\
\overline{3} \\
3 \\
\overline{0}
\end{array}
$$

③ 76÷4

$$
\begin{array}{r}
1\ 9 \\
4\overline{)7\ 6} \\
4 \\
\overline{3\ 6} \\
3\ 6 \\
\overline{0}
\end{array}
$$

④ 98÷7

$$
\begin{array}{r}
1\ 4 \\
7\overline{)9\ 8} \\
7 \\
\overline{2\ 8} \\
2\ 8 \\
\overline{0}
\end{array}
$$

⑤ 86÷2

$$
\begin{array}{r}
4\ 3 \\
2\overline{)8\ 6} \\
8 \\
\overline{6} \\
6 \\
\overline{0}
\end{array}
$$

■÷●=▲↔●✕▲

월	일

595 선긋기

● 관계 있는 것끼리 선으로 이으시오.

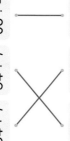

② 77÷7 84÷6 90÷5

① 93÷3 54÷6 72÷4

③ 50÷5 91÷7 76÷4

④ 81÷3 80÷4 45÷3

⑤ 98÷2 36÷6 96÷8

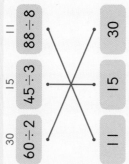
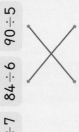
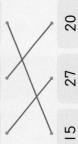
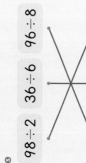
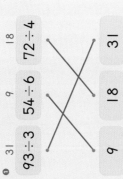

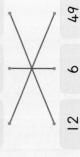

● 몫이 같은 것끼리 선으로 이으시오.

① 84÷7 54÷9 68÷4
   48÷8 60÷5 51÷3

③ 45÷3 66÷6 72÷8
   63÷7 99÷9 90÷6

⑤ 96÷4 34÷2 69÷3
   85÷5 72÷3 92÷4

② 99÷3 49÷7 80÷4
   60÷3 42÷6 66÷2

④ 52÷4 28÷7 93÷3
   62÷2 78÷6 36÷9

70÷7 44÷2 72÷3
88÷4 48÷2 20÷2

596 숫자 카드 목표수

● 숫자 카드를 한 번씩 모두 사용하여 나눗셈식을 완성하시오.

| 3 | 4 | 5 |

$4\ 5 \div 3 = 15$

① | 6 | 3 | 9 |

$6\ 9 \div 3 = 23$

② | 2 | 4 | 5 |

$5\ 4 \div 2 = 27$

③ | 5 | 5 | 6 |

$6\ 5 \div 5 = 13$

④ | 3 | 4 | 8 |

$4\ 8 \div 3 = 16$

⑤ | 4 | 6 | 8 |

$8\ 4 \div 6 = 14$

⑥ | 6 | 9 | 4 |

$9\ 6 \div 4 = 24$

⑦ | 8 | 4 | 3 |

$8\ 4 \div 3 = 28$

● 숫자 카드를 한 번씩 모두 사용하여 계산 결과에 맞는 나눗셈식을 쓰시오.

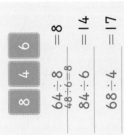

| 8 | 4 | 6 |

$64 \div 8 = 8$
$48 \div 6 = 8$
$84 \div 6 = 14$
$68 \div 4 = 17$

① | 8 | 1 | 9 |

$18 \div 9 = 2$
$81 \div 9 = 9$
$98 \div 1 = 98$

② | 4 | 2 | 6 |

$24 \div 6 = 4$
$46 \div 2 = 23$
$64 \div 2 = 32$

③ | 4 | 8 | 2 |

$24 \div 8 = 3$
$84 \div 2 = 42$
$48 \div 2 = 24$

④ | 9 | 3 | 6 |

$36 \div 9 = 4$
$69 \div 3 = 23$
$96 \div 3 = 32$

⑤ | 3 | 7 | 5 |

$35 \div 7 = 5$
$57 \div 3 = 19$
$75 \div 3 = 25$

잘 공부했는지 알아봅시다

일 월

1 세로셈으로 다음 나눗셈을 하시오.

❶
```
    2 9
3 ) 8 7
    6
    2 7
    2 7
    0
```

❷
```
    1 4
5 ) 7 0
    5
    2 0
    2 0
    0
```

❸
```
    3 4
2 ) 6 8
    6
    8
    8
    0
```

2 몫이 같은 것끼리 선으로 이으시오.

28÷4 7	34÷2 17
36÷3 12	63÷9 7
85÷5 17	72÷6 12

3 숫자 카드를 한 번씩 모두 사용하여 계산 결과에 맞는 나눗셈을 만드시오.

3 4 8

4 8 ÷ 3 = 16

8 4 ÷ 3 = 28

5 주차

6 주차

597 구슬 묶기

● 구슬을 □안의 수만큼 묶은 다음, 묶음의 수를 ◯안에 쓰고 남은 구슬의 수를 △안에 쌔넣으시오.

5 → ④ ... ③
묶음수   남는 구슬수

4 → ⑦ ... ②

6 → ④ ... ⑤

7 → ③ ... ①

● 그림을 보고 □안에 알맞은 수를 쌔넣으시오.

①
$21 \div 6 = 3 \cdots 3$

③
$25 \div 7 = 3 \cdots 4$

⑤
$24 \div 5 = 4 \cdots 4$

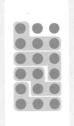
$18 \div 4 = 4 \cdots 2$
(나눌 수)÷(나누는 수)=(몫)…(나머지)

②
$23 \div 3 = 7 \cdots 2$

④
$13 \div 2 = 6 \cdots 1$

나눗셈에서 나머지가 있는 경우, 나머지는 나누는 수보다 작습니다. 따라서 물음을 구할 때 남는 수가 나누는 수보다 큰 경우에는 계속해서 나눗셈을 해야 바른 답이 나옵니다.

598 나누기 세로셈

● □ 안에 알맞은 수를 써넣으시오.

$$3)\overline{68} \quad \frac{22}{68}$$
6
8
6
2 ← 나머지
8−6

①
$$3)\overline{76} \quad \frac{25}{76}$$
6
16
15
1

②
$$2)\overline{85} \quad \frac{42}{85}$$
8
5
4
1

③
$$8)\overline{39} \quad \frac{4}{39}$$
32
7
8−6

④
$$7)\overline{50} \quad \frac{7}{50}$$
49
1

⑤
$$4)\overline{45} \quad \frac{11}{45}$$
4
5
4
1

⑥
$$5)\overline{78} \quad \frac{15}{78}$$
5
28
25
3

⑦
$$6)\overline{94} \quad \frac{15}{94}$$
6
34
30
4

● 세로셈으로 고쳐 다음 나눗셈을 계산하시오.

$57 \div 2$
$= 28 \cdots 1$
$$2)\overline{57} \quad \frac{28}{57}$$
4
17
16
1

❶ $48 \div 7$
$= 6 \cdots 6$
$$7)\overline{48} \quad \frac{6}{48}$$
42
6

❷ $89 \div 4$
$$4)\overline{89} \quad \frac{22}{89}$$
8
9
8
1

❸ $63 \div 5$
$$5)\overline{63} \quad \frac{12}{63}$$
5
13
10
3

❹ $75 \div 6$
$$6)\overline{75} \quad \frac{12}{75}$$
6
15
12
3

❺ $51 \div 7$
$$7)\overline{51} \quad \frac{7}{51}$$
49
2

⑥ 주차

겸산식

599

● 나눗셈을 겸산하려고 합니다. □ 안에 알맞은 수를 써넣으시오.

$43 \div 8 = 5 \cdots 3$ → 겸산: $8 \times 5 + 3 = 43$

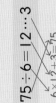

(나눗셈) $■ \div ● = ▲ \cdots ★$
(겸산) $● \times ▲ + ★ = ■$

겸산식에서 나누는 수와 몫의 곱에 나머지를 더 하면 나뉠 수가 나와야 합니다.

① $75 \div 6 = 12 \cdots 3$ → 겸산: $6 \times 12 + 3 = 75$

② $43 \div 3 = 14 \cdots 1$ → 겸산: $3 \times 14 + 1 = 43$

③ $87 \div 5 = 17 \cdots 2$ → 겸산: $5 \times 17 + 2 = 87$

④ $93 \div 2 = 46 \cdots 1$ → 겸산: $2 \times 46 + 1 = 93$

⑤ $26 \div 6 = 4 \cdots 2$ → 겸산: $6 \times 4 + 2 = 26$

⑥ $38 \div 3 = 12 \cdots 2$ → 겸산: $3 \times 12 + 2 = 38$

월 일

● 겸산식을 보고 나눗셈식과 몫, 나머지를 구하시오.

$7 \times 12 + 5 = 89$

나눗셈식 : $89 \div 7 = 12 \cdots 5$
몫 : 12
나머지 : 5

① $6 \times 13 + 3 = 81$

나눗셈식 : $81 \div 6 = 13 \cdots 3$
몫 : 13
나머지 : 3

② $3 \times 11 + 2 = 35$

나눗셈식 : $35 \div 3 = 11 \cdots 2$
몫 : 11
나머지 : 2

③ $5 \times 8 + 4 = 44$

나눗셈식 : $44 \div 5 = 8 \cdots 4$
몫 : 8
나머지 : 4

④ $4 \times 10 + 3 = 43$

나눗셈식 : $43 \div 4 = 10 \cdots 3$
몫 : 10
나머지 : 3

⑤ $6 \times 9 + 5 = 59$

나눗셈식 : $59 \div 6 = 9 \cdots 5$
몫 : 9
나머지 : 5

6 주차

하우스

600

● 빈칸에 나눗셈의 몫과 나머지를 써넣으시오.

÷5
27	5 … 2
54	10 … 4
73	14 … 3

27÷5=5…2
54÷5=10…4
73÷5=14…3

÷4
50	12 … 2
73	18 … 1
91	22 … 3

÷7
94	13 … 3
80	11 … 3
46	6 … 4

÷8
45	5 … 5
81	10 … 1
63	7 … 7

45÷8=5…5
81÷8=10…1
63÷8=7…7

÷6
64	10 … 4
41	6 … 5
79	13 … 1

÷5
53	10 … 3
82	16 … 2
38	7 … 3

P. 64 ● P. 65

○ 안의 수를 먼저 구합니다.
29÷○=9…2
(검산) ③×9+2=29

÷3
85	28 … 1
29	9 … 2
92	30 … 2

÷7
69	9 … 6
87	12 … 3
45	6 … 3

÷6
45	7 … 3
29	4 … 5
94	15 … 4

● 빈칸에 알맞은 수를 써넣으시오.

43÷○=7…1
(검산) ⑥×7+1=43

÷6
43	7 … 1
75	12 … 3
51	8 … 3

75÷6=[12]…3
÷6=8…3
(검산) 6×8+3=[51]

÷5
62	12 … 2
59	11 … 4
78	15 … 3

÷4
75	18 … 3
57	14 … 1
23	5 … 3

⑥ 주차

잘 공부했는지 알아봅시다

1 몫이 크기를 비교하여 ◯ 안에 >, =, <를 알맞게 써넣으시오.

❶ 83÷5 ⟩ 83÷6
83÷5=16…3   83÷6=13…5

❷ 58÷7 ⟨ 85÷7
58÷7=8…2   85÷7=12…1

2 관계 있는 것끼리 선으로 이으시오.

80÷3
80÷3=26…2

73÷5
73÷5=14…3

67÷4
67÷4=16…3

4×16+3

3×26+2

5×14+3

나눗셈식과 관계있는 검산식을 연결합니다.

(나눗셈식) ■÷●=▲…★
(검산) ●×▲+★=■

3 어떤 나눗셈식을 계산한 다음 검산을 하였더니 다음과 같은 식이 되었습니다. 계산한 나눗셈식을 쓰고 몫과 나머지를 구하시오.

8×12+3=99

나눗셈식 : __99÷8=12…3__

몫 : __12__   나머지 : __3__

99

7 주차

❹ 나머지가 가장 큰 것을 선으로 잇고 ○안에 그 나머지를 써넣으시오.

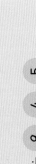 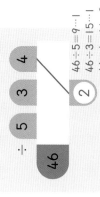 

63÷2=31···1
63÷6=10···3
63÷7=9
63을 6으로 나눈 나머지 3이 가장 크므로 ○안에 3을 쓰고 6과 연결합니다.

46÷5=9···1
46÷3=15···1
46÷4=11···2
46을 4로 나눈 나머지 2가 가장 크므로 ○안에 2를 쓰고 4와 연결합니다.

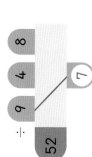 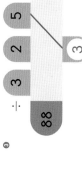
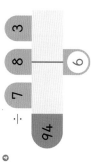 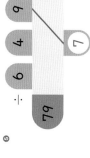

---

601 다리 잇기

● 왼쪽 수를 위의 수로 나누었을 때의 나머지에 맞게 선을 이으시오.

39÷4=9···3
39÷5=7···4
39÷2=19···1

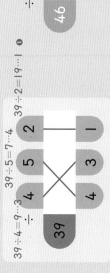 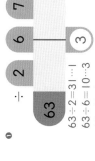

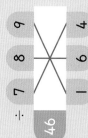 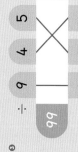 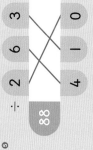

7 주차

602 팩맨

● 알맞은 수에 모두 ○표 하시오.

① **3으로 나누면 나머지가 1**

15	(22)	36
(34)	44	59

$15 \div 3 = 5$　$22 \div 3 = 7 \cdots 1$
$36 \div 3 = 12$　$34 \div 3 = 11 \cdots 1$
$44 \div 3 = 14 \cdots 2$　$59 \div 3 = 19 \cdots 2$

② **6으로 나누면 나머지가 5**

(41)	62	54
63	84	(77)

④ **4로 나누면 나머지가 2**

39	12	(98)
75	(30)	61

① **5로 나누면 나머지가 2**

60	45	(27)
85	(72)	90

$60 \div 5 = 12$　$45 \div 5 = 9$
$27 \div 5 = 5 \cdots 2$　$85 \div 5 = 17$
$72 \div 5 = 14 \cdots 2$　$90 \div 5 = 18$

③ **7로 나누면 나머지가 4**

17	(81)	31
(53)	96	65

⑤ **8로 나누면 나머지가 1**

52	47	76
(25)	68	(57)

● 두 조건을 만족하는 수를 모두 찾아 빈칸에 써넣으시오.

① 55보다 크고 60보다 작은 수 / 3으로 나누면 나머지가 2 → **56, 59**

56부터 59까지의 수 중에서 3으로 나누었을 때, 나머지가 2인 수를 찾습니다.

③ 40보다 크고 50보다 작은 수 / 5로 나누면 나머지가 1 → **41, 46**

⑤ 80보다 크고 90보다 작은 수 / 7로 나누면 나머지가 4 → **81, 88**

② 30보다 크고 40보다 작은 수 / 6으로 나누면 나머지가 3 → **33, 39**

31부터 39까지의 수 중에서 6으로 나누었을 때, 나머지가 3인 수를 찾습니다.

④ 60보다 크고 80보다 작은 수 / 9로 나누면 나머지가 8 → **62, 71**

⑥ 80보다 크고 100보다 작은 수 / 8로 나누면 나머지가 5 → **85, 93**

603 나머지

● 나머지가 ● 안의 수일 때 □ 안에 들어갈 수 있는 수에 모두 ○표 하시오.

□ ÷ 4 ··· **3**

2 4 ⑤ 8 ⑨

3 5 ÷ 4 = 8 ··· 3
3 9 ÷ 4 = 9 ··· 3

❷ □ ÷ 5 ··· **2**

0 ② 4 ⑦ 9

❸ □ ÷ 3 ··· **1**

② 4 ⑤ 7 9

❹ □ ÷ 7 ··· **0**

0 ② 6 8 ⑨

❺ □ ÷ 7 ··· **5**

① 3 6 ⑧ 9

1 2 ÷ 7 = 1 ··· 5
8 2 ÷ 7 = 11 ··· 5

❻ □ ÷ 6 ··· **1**

2 ③ ⑥ 7 8

❼ □ ÷ 8 ··· **6**

1 2 ④ 6 ⑧

❽ □ ÷ 3 ··· **2**

① 3 5 ⑦ 8

● 나머지가 ● 안의 수일 때 □ 안에 들어갈 수 있는 수를 모두 쓰시오.

□ ÷ 6 ··· **5**

1, 7

4 1 ÷ 6 = 6 ··· 5
4 7 ÷ 6 = 7 ··· 5

❶ □ ÷ 8 ··· **4**

2, 6

2 8 ÷ 8 = 3 ··· 4
6 8 ÷ 8 = 8 ··· 4

❷ □ ÷ 3 ··· **1**

2, 5, 8

❸ □ ÷ 7 ··· **5**

2, 9

❹ □ ÷ 5 ··· **3**

3, 8

❺ □ ÷ 4 ··· **0**

2, 4, 6, 8

❻ □ ÷ 8 ··· **6**

0, 8

❼ □ ÷ 6 ··· **5**

2, 5, 8

❽ □ ÷ 7 ··· **6**

0, 7

❾ □ ÷ 8 ··· **7**

3, 7

7 주차

604 숫자 카드 나눗셈

● 숫자 카드를 사용하여 (두 자리 수)÷(한 자리 수)의 식을 만든 것입니다. 몫과 나머지를 구하시오.

① 2 5 6

$2\ 5 \div 6 = 4 \cdots 1$
$6\ 2 \div 5 = 12 \cdots 2$
$6\ 5 \div 2 = 32 \cdots 1$

② 3 4 9

$3\ 4 \div 9 = 3 \cdots 7$
$4\ 9 \div 3 = 16 \cdots 1$
$9\ 3 \div 4 = 23 \cdots 1$

③ 5 7 8

$7\ 5 \div 8 = 9 \cdots 3$
$7\ 8 \div 5 = 15 \cdots 3$
$8\ 5 \div 7 = 12 \cdots 1$

④ 2 3 9

$2\ 9 \div 3 = 9 \cdots 2$
$3\ 2 \div 9 = 3 \cdots 5$
$3\ 9 \div 2 = 19 \cdots 1$

● 숫자 카드로 몫이 가장 큰 (두 자리 수)÷(한 자리 수)의 나눗셈식을 만들려고 합니다. 몫이 가장 클 때와 나머지가 가장 클 때의 나눗셈식을 만들고 계산하시오.

숫자 카드로 몫이 가장 큰 (두 자리 수)÷(한 자리 수)의 식을 만들 때에는 숫자 카드로 만들 수 있는 가장 큰 두 자리 수와 나머지 한 자리 수의 수를 이용하여 나눗셈식을 만듭니다.
나머지가 가장 큰 나눗셈식을 만들 때에는 나누는 수에 가장 큰 수 카드를 넣어 만들어지는 것이 좋습니다.

7 4 9

몫이 가장 클 때 : $97 \div 4 = 24 \cdots 1$
나머지가 가장 클 때 : $94 \div 7 = 13 \cdots 3$

① 3 5 8

몫이 가장 클 때 : $85 \div 3 = 28 \cdots 1$
나머지가 가장 클 때 : $53 \div 8 = 6 \cdots 5$

② 6 2 9

몫이 가장 클 때 : $96 \div 2 = 48$
나머지가 가장 클 때 : $62 \div 9 = 6 \cdots 8$
$26 \div 9 = 2 \cdots 8$

③ 9 8 3

몫이 가장 클 때 : $98 \div 3 = 32 \cdots 2$
나머지가 가장 클 때 : $39 \div 8 = 4 \cdots 7$

④ 1 5 4

몫이 가장 클 때 : $54 \div 1 = 54$
나머지가 가장 클 때 : $14 \div 5 = 2 \cdots 4$

잘 공부했는지 알아봅시다

1 나머지가 5가 될 수 없는 식에 모두 ○표 하시오.

☐ ÷ 7   ☐ ÷ 6

(☐ ÷ 4)

(☐ ÷ 3)   ☐ ÷ 10   ☐ ÷ 8

나눗셈에서 나머지가 있는 경우, 나머지는 나누는 수보다 작습니다. 따라서 나누는 수가 4인 나눗셈식의 나머지는 0, 1, 2, 3 중하나이며, 나누는 수가 3인 나눗셈식의 나머지는 0, 1, 2 중하나입니다.

2 50보다 작은 두 자리 수 중에서 6으로 나누었을 때 나머지가 5인 수는 몇 개입니까? **7개** 검산식에서 물음 바꾸어 가며 찾는 것이 좋습니다.

$6 \times 1 + 5 = \boxed{11}$ $6 \times 2 + 5 = \boxed{17}$

$6 \times 3 + 5 = \boxed{23}$ $6 \times 4 + 5 = \boxed{29}$

$6 \times 5 + 5 = \boxed{35}$ $6 \times 6 + 5 = \boxed{41}$

$6 \times 7 + 5 = \boxed{47}$ $6 \times 8 + 5 = \boxed{53} > 50$

3 나눗셈이 나누어떨어진다고 할 때, 0에서 9까지의 숫자 중에서 ☐ 안에 들어갈 수 있는 숫자를 모두 구하시오.

$$0, 2, 4, 6, 8$$

2로 나누어떨어지는 수이므로 짝수입니다.

따라서 ☐ 안에 들어갈 수 있는 수는 0, 2, 4, 6, 8입니다.

4 숫자 카드를 모두 한 번씩 사용하여 나머지가 가장 큰 (두 자리 수) ÷ (한 자리 수)를 만들고, 계산하시오.

$$47 \div 8 = 5 \cdots 7$$

4   8   7

7 추차

P. 78 ● P. 79

8주차

605 잘못된 계산

● 잘못 계산된 것을 찾아 X표 하시오.

나머지 5를 일의 자리에 써야 합니다.

몫 9를 일의 자리에 써야 합니다.

● 계산에서 잘못된 것을 찾아 바르게 계산하시오.

몫과 나머지가 자리값에 맞게 쓰여졌는지, 나머지가 나누는 수보다 크지 않은지 등을 생각하며 잘못된 계산식을 찾았습니다.

606 벌레 먹은 나눗셈

● □ 안에 알맞은 수를 써넣으시오.

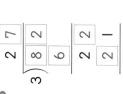

● □ 안에 알맞은 수를 써넣으시오.

8 주차

607 어떤 수 구하기

● 어떤 수를 □로 놓고 나눗셈식과 검산식을 만드시오.

78을 어떤 수로 나누었더니 몫이 15이고 나머지가 3입니다.

나눗셈식 : $78 \div \Box = 15 \cdots 3$ 검산식 : $\Box \times 15 + 3 = 78$

① 54를 어떤 수로 나누었더니 몫이 7이고 나머지가 5입니다.

나눗셈식 : $54 \div \Box = 7 \cdots 5$ 검산식 : $\Box \times 7 + 5 = 54$

② 어떤 수를 6으로 나누었더니 몫이 16이고 나머지가 1입니다.

나눗셈식 : $\Box \div 6 = 16 \cdots 1$ 검산식 : $6 \times 16 + 1 = \Box$

③ 70을 어떤 수로 나누었더니 몫이 8이고 나머지가 6입니다.

나눗셈식 : $70 \div \Box = 8 \cdots 6$ 검산식 : $\Box \times 8 + 6 = 70$

④ 어떤 수를 9로 나누었더니 몫이 8이고 나머지가 7입니다.

나눗셈식 : $\Box \div 9 = 8 \cdots 7$ 검산식 : $9 \times 8 + 7 = \Box$

⑤ 83을 어떤 수로 나누었더니 몫이 20이고 나머지가 3입니다.

나눗셈식 : $83 \div \Box = 20 \cdots 3$ 검산식 : $\Box \times 20 + 3 = 83$

● 어떤 수는 얼마입니까?

어떤 수를 4로 나누었더니 몫이 8이고 나머지가 2입니다.

식 : $\Box \div 4 = 8 \cdots 2$ 어떤 수 : **34**
$4 \times 8 + 2 = 34$

① 85를 어떤 수로 나누었더니 몫이 14이고 나머지가 1입니다.

식 : $85 \div \Box = 14 \cdots 1$ 어떤 수 : **6**
$\Box \times 14 + 1 = 85, \ \Box = 6$

② 어떤 수를 3으로 나누었더니 몫이 13이고 나머지가 2입니다.

식 : $\Box \div 3 = 13 \cdots 2$ 어떤 수 : **41**

③ 72를 어떤 수로 나누었더니 몫이 12이고 나머지는 없습니다.

식 : $72 \div \Box = 12$ 어떤 수 : **6**

④ 어떤 수를 3으로 나누었더니 몫이 12이고 나머지가 1입니다.

식 : $\Box \div 3 = 12 \cdots 1$ 어떤 수 : **37**

⑤ 69를 어떤 수로 나누었더니 몫이 17이고 나머지가 1입니다.

식 : $69 \div \Box = 17 \cdots 1$ 어떤 수 : **4**

608 나눗셈 문장제

문제에 맞게 식과 답을 쓰시오.

연필이 75자루 있습니다. 한 명에게 4자루씩 나누어 준다면 몇 명에게 똑같이 나누어 줄 수 있고, 몇 자루가 남습니까?

식 : __75÷4=18…3__   답 : __18__ 명, __3__ 자루

❶ 사과 67개를 한 접시에 5개씩 놓으려고 합니다. 사과는 모두 몇 접시가 되고, 몇 개가 남습니까?

식 : __67÷5=13…2__   답 : __13__ 접시, __2__ 개

❷ 채소 가게에 당근이 77개 있습니다. 당근을 6개씩 봉지에 담으면 담은 봉지는 몇 개이고, 남는 당근은 몇 개입니까?

식 : __77÷6=12…5__   답 : __12__ 봉지, __5__ 개

❸ 바나나 90개를 원숭이 8마리에게 똑같이 나누어 주려고 합니다. 원숭이 한 마리에게 몇 개씩 주고, 몇 개가 남습니까?

식 : __90÷8=11…2__   답 : __11__ 개, __2__ 개

❹ 색종이가 75장 있습니다. 미술 시간에 한 명이 7장씩 사용한다면 몇 명이 사용할 수 있고, 몇 장이 남습니까?

식 : __75÷7=10…5__   답 : __10__ 명, __5__ 장

나눗셈에서 몫과 나머지 ✚ 식과 답을 쓰시오.
의 의미가 무엇인지 알
수 있도록 합니다.

형철이가 하루에 27쪽씩 3일 동안 읽은 동화책을 다시 읽으려고 합니다. 하루에 5쪽씩 읽으면 모두 읽는데 며칠이 걸립니까?

식 : __27×3=81, 81÷5=16…1__   답 : __17__ 일

동화책이 남은 1쪽도 다 읽어야 하므로
모두 17일이 필요합니다.

❶ 배 72개와 감 64개가 있습니다. 배와 감을 각각 4상자에 똑같이 나누어 담으려고 합니다. 한 상자에 담을 수 있는 배와 감은 각각 몇 개입니까?

식 : __72÷4=18, 64÷4=16__   답 : 배 __18__ 개, 감 __16__ 개

❷ 파란색 구슬이 19개, 빨간색 구슬이 38개, 노란색 구슬이 34개 있습니다. 이 구슬을 7명이 똑같이 나누어 가진다면 한 명이 몇 개씩 가지게 됩니까?

식 : __19+38+34=91, 91÷7=13__   답 : __13__ 개

❸ 장미가 한 다발에 6송이씩 16다발에 있습니다. 한 꽃병에 8송이씩 꽂으려면 꽃병은 몇 개가 필요합니까?

식 : __6×16=96, 96÷8=12__   답 : __12__ 개

❹ 남학생 22명, 여학생 16명이 승합차에 한 대에 7명씩 나누어 타고 도서관에 가려고 합니다. 승합차는 몇 대가 필요합니까?

식 : __22+16=38, 38÷7=5…3__   답 : __6__ 대

7명씩 타고 난 후 남은 3명도 차에 타야 하므로
모두 6대가 필요합니다.

8 주차

잘 공부했는지 알아봅시다

월 일

1 계산에서 잘못된 곳을 찾아 바르게 계산하시오. 나머지가 나누는 수보다 큰 식은 잘못된 식입니다.

$$
\begin{array}{r}
1\,2 \\
5\,)\,6\,7 \\
5 \\
\hline
1\,7 \\
1\,0 \\
\hline
7
\end{array}
\quad\rightarrow\quad
\begin{array}{r}
1\,3 \\
5\,)\,6\,7 \\
5 \\
\hline
1\,7 \\
1\,5 \\
\hline
2
\end{array}
$$

2 나눗셈에서 ㉯이 3일 때, ㉠에 알맞은 수를 구하시오.

$$
\begin{array}{r}
1\,3 \\
7\,)\,9\,4 \\
7 \\
\hline
2\,4 \\
2\,1 \\
\hline
3
\end{array}
$$

4

3 굴 57개를 한 접시에 5개씩 놓으려고 합니다. 굴은 모두 몇 접시가 되고, 몇 개가 남습니까?

식 : 57÷5=11···2   답 : 11 접시, 2 개

4 어떤 수를 6으로 나누었더니 몫이 13이고 나머지가 3이 되었습니다. 어떤 수는 얼마입니까?

식 : □÷6=13···3   어떤 수 : 81

6×13+3=81, □=81

수학 개념이 쉽고 빠르게 소화되는

월등한개념수학

월등한 개념 수학 모델
이유진

www.nebooks.co.kr ▼

배운 개념을 끊임없이 되짚어주니까
새로운 개념도 쉽게 이해됩니다

수학 개념이 쉽고 빠르게 소화되는 특별한 학습법

· 배운 개념과 배울 개념을 연결하여 소화가 쉬워지는 학습
· 문제의 핵심 용어를 짚어주어 소화가 빨라지는 학습
· 개념북에서 익히고 워크북에서 1:1로 확인하여 완벽하게 소화하는 학습

NE 능률